SILVIO PELLICO

LETTERE AL FRATELLO LUIGI E
AGLI SCRITTORI PIEMONTESI
CESARE BALBO, GIORGIO
BRIANO, ANDREA IGHINA, CARLO
MARIA MAY, CARLO MARENCO,
GIULIA MOLINO COLOMBINI,
CARLO MULETTI, PIER
ALESSANDRO PARAVIA, MICHELE
PARMA, GIOVANNI VICO
(1832-1853)

Edizione critica
a cura di Cristina Contilli

1

Lulu.com

3101 Hillsborough Street

Raleigh, NC 27607

USA

Printed in 2013.

Prima edizione: maggio 2010

Seconda edizione: maggio 2012

Prima ristampa: settembre 2012 (con l'aggiunta di nuove lettere al fratello Luigi)

Seconda ristampa: marzo 2013

Per informazioni:
http://www.scrittoriromanticitaliani.ilcannocchial e.it

INTRODUZIONE:

Nel 1830 dopo la liberazione dallo Spielberg Silvio Pellico torna a vivere a Torino prima in casa dei genitori poi a palazzo Barolo (una scelta dovuta alla morte tra il 1837 e il 1838 di entrambi i genitori dello scrittore, una situazione che cambierà di poco, quando Pellico, ormai avanti negli anni, ritroverà la contessa Cristina Archinto Trivulzio, che aveva amato, prima dell'arresto), come segretario e bibliotecario della marchesa Giulia Falletti di Barolo che per quasi vent'anni aiuterà nelle su opere di beneficenza e in particolare nella conduzione di una sala d'asilo, destinata ad accogliere i bambini poveri dai due ai sei anni che i genitori, impegnati per molte ore nel proprio lavoro, spesso finivano per trascurare.

Per i primi due anni Pellico evita per prudenza di tenere una regolare corrispondenza con i vecchi amici degli anni milanesi (limitandosi ad affidare qualche lettera per gli ex compagni di carcere a persone fidate e non alla posta) e conduce una vita ritirata, dedicandosi alla scrittura del suo libro di memorie, di alcune nuove tragedie e di un romanzo storico rimasto incompiuto e pubblicato postumo e questo spiega perché la presente edizione comincia con il 1832, l'anno della pubblicazione de Le mie prigioni, ma anche l'anno in cui Pellico incomincia a farsi nuove amicizie tra i giovani scrittori piemontesi, come Giorgio Briano, Giovanni Vico, Pietro Di Santarosa, Michele Parma, che vedono in lui una persona che, nonostante la religiosità accentuata e il carattere riservato, ha saputo combattere per un'ideale di libertà.

D'altra parte Pellico non legherà con tutti i giovani autori dell'epoca come dimostra la descrizione che farà di lui molti anni dopo nelle proprie memorie il commediografo Angelo Brofferio descrivendolo come "piccino, piccino" (Pellico era effettivamente basso di statura) , con una voce piuttosto flebile e fin troppo circospetto nei discorsi per essere un ex carbonaro che nella sua Francesca da Rimini aveva messo in bocca a Paolo un invito appassionato a prendere le armi non a favore dello straniero, ma per conquistare la libertà dell'Italia.[1]

---

[1] A. Brofferio, "Ai miei tempi" (scaricato integralmente da google libri), Brofferio aveva conosciuto Pellico in casa dell'attrice Carlotta Marchionni nel 1831, la Marchionni allora era la prima attrice della Compagnia Reale Sarda, oltre ad essere colei che nella parte di Francesca aveva portato al successo la prima e più apprezzata

Nonostante i problemi di salute, di cui Pellico fa menzione spesso nelle lettere, soprattutto in quelle rivolte alle persone con cui era in maggiore confidenza, lo scrittore resta una persona disponibile a leggere inediti di altri autori soprattutto se giovani e desiderosi di consigli, ma si dimostra anche pronto a lodare opere che gli sembrano valide sia come stile sia come contenuti.

Queste lettere del Pellico che coprono il periodo 1832-1853 (dall'anno di pubblicazione de *Le mie prigioni* agli ultimi mesi di vita dello scrittore) testimoniano, dunque, il rapporto di confronto e in alcuni casi (come per es. con Cesare Balbo, Pier Alessandro Paravia e Giovanni Vico) di amicizia tra Pellico e gli altri scrittori attivi nel Piemonte dell'epoca.[2]

---

tragedia del Pellico.

[2] La lettera a Massimina Fantastici Rosellini è stata tolta dalla presente edizione perché verrà pubblicata in un'edizione autonoma contenente le lettere indirizzate dal Pellico a questa poetessa.

Una lettera di Silvio Pellico al fratello Luigi conservata nel Centro salesiano di documentazione mariana di Valdocco (Torino)[3]

---

[3] Immagine tratta da: http://www.donbosco-torino.it/ita/Kairos/Centro%20Documentazione/06-07/007-Manoscritti_antichi.html

A GIAN CARLO DI NEGRO

Torino, 21 aprile 1832[4]

Ill. mo Sig. Marchese

Parecchie volte, dacché sono a Torino, m'è occorso di far menzione di Lei e del distinto suo ingegno. Alcuno avrà quindi interpretato le mie intenzioni e Le avrà portato i miei saluti. Godo che così sia avvenuto, poiché ciò m'ha procurato il piacere di ricevere una gentile sua lettera; ma io non Le ho raccomandato nessuno, e quando mi prendessi la libertà di raccomandarle qualche conoscente, nol farei mai senza dargli qualche riga, che a Lei, signor Marchese, ricordasse la mia rispettosa servitù.

Ho l'onore di essere colla più profonda stima, ed altero dell'amabile suffragio ch'Ella si compiace dare alle mie produzioni,

Suo Dev. mo servitore ed amico
Silvio Pellico

A MICHELE PARMA

[Torino, 9 settembre 1832][5]

---

[4] Autografo nella Biblioteca Civica "Berio" di Genova.
Una riproduzione fotografica completa (fronte e retro della lettera) è consultabile   sul   sito: http://www. lettere.eremita.it/storiche/pellico.htm
Sono ben visibili nella foto anche i timbri postali da cui risulta che la lettera è partita da Torino il 23 aprile ed è giunta il 25 a Genova, l'indirizzo del destinatario è leggibile, anche se una parte è coperta parzialmente da uno dei timbri per cui si legge *Signor Marchese* su una riga e sulla riga sopra *Col.* (Colonnello). Inedita.
Credo che si trattasse di un amico del Pellico degli anni milanese perché l'ho trovato citato in una lettera di Pietro Borsieri antecedente all'arresto.
[5] *All'Egregio Signore/ Michele Parma / in casa Settime/ Asti / per Settime*
Autografo nell'Archivio dell'Istituto per la storia del risorgimento italiano di Roma (Busta 832, inserto 24). Inedita.

Caro Parma

E' inutile fra amici scusarsi di tardanza nel rispondere, non è vero? Or sappiate che la vostra cordiale e savia lettera mi fu gratissima, e sappiate che non fui pigro nel cercare di Gioberti[6] per dargli il vostro bell'articolo. Non trovai lui medesimo, ch'è gran passeggiatore, e vive più fuori di casa che in casa, e lasciai l'articolo a persona che glielo consegnasse.

Un'opera qual vorreste fare sul vero valore del Medio Evo relativamente all'incivilimento sarebbe certo utilissima. Evitando quei forzamenti di sistema che mettono diffidenza, e scemano autorità anche per quei lati che non sono forzati, e conducendo semplicemente a considerare con giustezza il fatto, mostrerete che quel gran periodo di tempo, tuttoché abbondante anch'esso d'ignoranza e di delitti, ebbe sapienza e virtù e può offrirci nobili esempii e nobili lezioni. Tutte le verità della umana storia, giova indagarle e dirle, massimamente, quando se ne coordina la cognizione colla più importante delle cognizioni, quella che ci rivela i voleri di Dio, i doveri dell'uomo.

La politica è un gran che, ed è giusto di farne caso; ma a' nostri tempi si va anche all'eccesso, se ne fa troppo caso. Gli uni credono che tutto l'ufficio della religione sia di sostenere le potenze temporali che l'invocano e di maledire chi le disama; gli altri credono che tutto l'ufficio della filosofia sia d'atterrare le potenze e suscitare opportune, importune, ogni possibile allargamento d'individuale libertà. Qua il furore di comprimere, a costo di qualunque violenza, la tirannia; là il furore di comprimere, a costo di qualunque violenza, la libertà. Ciò non è né filosofico, né santo; ciò non val niente. Se non che Dio se ne serve, come si serve di tutti i nienti e di tutte le iniquità umane a quel maturamento ch'ei le ha assegnato sulla terra.

Qual sarà questo maturamento? La scoperta d'un ordine sociale, scevro d'ingiustizie, e la sua propagazione per tutte le genti? Noi su ciò, possiamo piuttosto fare ipotesi che altro. Certo che sarebbe vicenda degna dell'impulso divino. Ma e se anche tal fatto non s'effettuasse mai? Se, stante il libero arbitrio che Dio lascia agli uomini, e l'insensatezza di essi, venisse fallito fino alla fine dei secoli, e l'incivilimento progredisse bensì, ma con piaghe morali sempre gravi, sempre attestanti la nostra miseria e l'insufficienza del nostro sapere?

---

[6] Vincenzo Gioberti.

7

Vedremo un giorno, spero, nel seno di Dio, come ciò sarà. Teniamoci a ciò ch'è indubitabile: che dobbiamo desiderare quanta più verità e giustizia è possibile; che dobbiamo promuovere l'una e l'altra, secondo le nostre forze, ma con mezzi fraterni, innocui, ragionevoli, e cominciando ciascun da se, con anelito incessante al proprio miglioramento; che dobbiamo tollerare ed amar molto, ed operare secondo la coscienza - la coscienza spoglia d'egoismo.

Addio. Riverite tutta casa Settime, e tutta casa Balbo. - L'ab. Lusso v'avrà portato i miei saluti; or, se lo rivedete, salutate lui.

Vi sono con tutta la stima

aff. ᵐᵒ amico
Silvio Pellico

Torino, 9 settembre, 1832

A GIOVANNI VICO

[Torino, 16 settembre 1832][7]

Amico carissimo.

Co' buoni fratelli non si fanno scuse, se si tarda a rispondere, non è vero? Ed io dunque non ne farò con te. La mia pigrizia non tolse ch'io avessi cara la tua amorevole lettera, o ch'io pensassi sovente alla tua dolce indole ed al tuo ingegno. Tu sei un giovine di belle speranze, e chiunque ti conosce è costretto ad amarti. Son certo che l'abitudine dello studio e della virtù non cesserà in te: tu ne senti tutto il pregio. Quelle ore che passi così lodevolmente al disegno, a far buone letture, a poetare, sono ore felici: esse t'ingentiliscono sempre più l'animo, t'allontanano dalla contaminante compagnia dei volgari, t'apparecchiano un avvenire di contentezza e d'onore, al quale coloro che si danno all'ozio e alla dissipazione è impossibile che giungano mai. Amico mio, sii perseverante, anela di distinguerti, non ti sgomentare della lentezza con cui l'uomo è costretto di

---

[7] *All'Ornatissimo / Sig. Giovanni Vico / Acqui*
Autografo nell'Archivio dell'Istituto per la storia del risorgimento italiano di Roma (Busta 124, inserto 5).
Pubblicata parzialmente in S. PELLICO, *Epistolario. Raccolto e pubblicato a cura di G. Stefani*, Firenze, 1856, pp. 85-86.

procedere per giungere a meta elevata: il forte volere trionfa d'infinite difficoltà. E fa che insieme alla coltura dell'intelletto, s'operi incessantemente quella del cuore. Serbiamoci puri, nobili, e non tanto avidi di piacere a tutti gli uomini quanto di piacere ai migliori, alla nostra coscienza, a Dio. Questo è il vero modo d'onorare la patria, i parenti, gli amici e sé medesimo.

[Briano[8] ti saluta. Egli terminò il Bolzari,[9] ma non mel lesse ancora.

Fammi una grazia. Informati se a codesti Bagni[10] è ancora il conte Camillo Casati[11] di Milano. Se vi è, portagli, ti prego, l'unito viglietto; e se già fosse partito, sappimi dire a qual volta.

Addio. Porgi i miei umili ossequi alla tua signora zia, sta sano, ed amami.

Silvio tuo

Torino, 16 sett. 1832

Ove il Conte Casati non fosse più costì, rimanda il viglietto a me.]

A MICHELE PARMA

[Torino, 8 dicembre 1832][12]

Caro amico,

Vedete cosa incredibile! Chi l'avrebbe sospettato? La censura ha trovato che dire nella vostra Ode. Non si vuole il verso:

---

[8] Lo scrittore piemontese Giorgio Briano.

[9] Ho fatto una ricerca nell'opac sbn, ma non risulta nessuna opera di Giorgio Briano con questo titolo. Forse l'opera è rimasta inedita, visto che la prima pubblicazione a stampa di Briano che ho rintracciato è un volume di poesie stampato a Torino nel 1836.

[10] Le terme di Acqui.

[11] Il conte milanese Camillo Casati, fratello maggiore di Teresa Casati, moglie di Federico Confalonieri.

[12] *All'Egregio / Sig. Michele Parma / in casa Settime / Asti per Settime*
Autografo nella Biblioteca Comunale "Queriniana" di Brescia (Autografi 119). Inedita.

E vi raggia la luce sua trina
Non capisco come possa ivi parere ombra di errore. Ma tant'è. Si vuole un mutamento.
Di più nel verso:
A segnar di quel Divo gli affetti
Si condanna l'espressione di quel Divo, e si esige dell'Uom-Dio. Abbiate pazienza. O correggete, o provatevi di stampare l'Ode in Asti; chi sa che vi abbia costà Censori che passino l'Ode senza mutar nulla?
Aspettiamo risposta. Balbo vi saluta e dice che, fatta più riflessione sul vocabolo freschezza, ha finito per trovarlo eccellente. Tante cose all'ottima famiglia Settime.

Sabato, 8 dic

Vostro aff. Silvio

AD EVASIO BECCARDI

[Torino, 15 dicembre 1832][13]

Rev. mo ed Ill. mo Sig. re Sig. re Pron. Col. mo
Ella m'onora di lodi che io non merito per un libro il cui pregio è picciolissimo. Dio volesse che da sì tenue cose risultasse alcun bene a qualcheduno! Non ho scritto per altro fine. La nostra sublime Religione è tale, che non è possibile conoscerla e non amarla! e non renderle gloria, secondo le deboli forze che si hanno.
Coloro che la figurano nemica de' veri progressi de' lumi e l'aborrono, prendono una larva per essa; non vi vuole che spassionato esame, e scorgesi, qui e non altrove essere l'efficace impulso ad ogni giustizia, ad ogni prosperità sociale ad ogni atto e pensiero che nobilita l'uomo; qui la base della filosofia. Ma di quello spassionato esame, niuno e per se medesimo capace; la sola grazia può operarlo. Infelici coloro, che non l'hanno! pregiamo per essi, e speriamo.

---

[13] Autografo nell'Archivio dell'Istituto per la storia del risorgimento italiano di Roma (Busta 476, inserto 35). Pubblicata in PELLICO, *Epistolario*, cit. , pp. 97-98

10

La mia mente, in gioventù, avea dubitato; avea cercato sapienza laddove non è sapienza. E pure nella Religione, che io mal seguiva, apparivami anche allora una bellezza incantevole, una verità adorabile. Io era spesso tormentato dal desiderio d'accordare insieme Cristianesimo e Filosofia, ma mille divagazioni e stolto rispetto umano men distogliea. Quella pusillanimità, quel misto indegno e vergognoso di fede e d'ondeggiamento fin a quando sarebbe durato? Forse l'intera mia vita. Iddio benignamente si provvide per mezzo d'una sventura, che mi segregasse dagli Uomini e mi chiamasse con maggior forza a Lui. Poss'io non riconoscere in tale sventura un tratto d'amore di Colui che, sebbene felice senza noi, pur s'industria a salvarci quasi che gli fossimo necessari? E ne' miei lunghi anni d'infortunio, quante consolazioni furono temperate a miei dolori! Sarei stato ben ingrato se or non procacciassi di benedirlo e farlo benedire da altri; se or mi vergognassi del più glorioso, del più filosofico dei titoli quello di Cristiano. Purtroppo il mio ingegno è tanto lieve da non bastare a rendere debito onore a quella Verità che, senza mio merito, io vedo; ma non è chiesto alle creature se non ciò che possano dare.

Arrossisco d'essere infinitamente al di sotto delle lodi ch'Ella Rev. mo Sig. Abbate, si degna porgermi, e scorgo quant'Ella erri, giudicandomi con soverchia indulgenza. La ringrazio del benevolo intento, e godo vedendo dalle sue espressione un'anima ardente d'amore per Dio e per l'Umanità. Perché m'ha onorato della sua affezione, me la conservi, e preghi per me. Io fo per lei i Voti più sinceri, e mi protesto.

Di V.S. Rev. ma Umilil. mo e Obbl. mo servo

Silvio Pellico

Torino, 15 dicembre 1832

A FRANCESCO CARCANO

[Torino, 6 marzo 1833][14]

---

[14] *Al Nobile Uomo / Francesco Carcano / Milano*
Autografo nell'Archivio dell'Istituto per la storia del risorgimento italiano di Roma (Busta 267, inserto 13). Inedita.

11

Caro Carcano

Avrei pur piacere di poter seguire la Contessa Settime a Milano! E per tanti motivi! - Per far compagnia alla degna Contessa, alle sue figliuole, al caro Bertoglio,[15] al nostro Parma[16], - per andare ad abbracciar voi ed il Puccio e a riverire la Contessa Irene, - per rivedere Milano ed i suoi cari abitanti. Intendo gli abitanti nativi. Ma chi sa se mai più metterò piede in Lombardia? Pazienza! Amerò i Lombardi da lontano; e so che molti di essi amano me. Godo assai che siate di questo numero. Il vostro generoso sentire e la vostra sincerità mi piacciono. Non è possibile conoscervi e non volervi bene, e di quel bene che dura sempre. Son sicuro che se stessimo vicini e svolgessimo insieme i nostri più intimi pensieri, ci accadrebbe ognora d'essere perfettamente concordi; almeno sulle cose essenziali. Non è vero? - Io penso spessissimo a Milano, e non posso pensare a Milano senza ricordarmi caramente di voi. Siete in obbligo di rendermi la pariglia. - e quando verrete voi a passare qualche giorno a Torino? Spero questa state di poter fare un giro a Camerano e Settime. Penso che ci vedremo colà. Intanto addio, porgete i miei ossequi alla Contessa vostra sposa, conservate ambi la vostra salute e quella de' figliuolini (m'immagino che la seconda creaturina nascerà presto) - e credetemi vostro aff. [mo]

Silvio Pellico

Torino, 6 marzo, 33

AD ANGELICA ARMARI DALBONO

[Torino, 20 maggio 1833][17]

Preg. [ma] Signora

Il suo amabile desiderio di far la parte di Gabriella nella mia *Gismonda da Mendrisio* mi onora, giacché prova che quella parte è

---

[15] Lo scrittore Cesare Bertoglio.

[16] Lo scrittore Michele Parma, precettore presso la famiglia Settime.

[17] *Alla Stimatissima Signora / Sig. ra Angelica Armari Dalbono / Seconda Donna nella Compagnia Pelzet e Domeniconi.*
Autografo nella Biblioteca Nazionale Centrale di Firenze.
Pubblicata in PELLICO, *Cinque lettere inedite*, cit.

di suo genio. Ma siccome quando fo tragedie, do a ciascuno de' personaggi quello svolgimento che la natura del soggetto richiede, senza essere punto informato delle convenzioni secondo le quali i Capi-Comici avranno a qualificare le parti, e a distribuirle, così debbo confessarmi incapace di sciogliere il dubbio ch'ella mi propone. Sono ignaro, non solo de' precisi diritti d'un attore o di un'attrice nell'essere che si chiami colà o così una parte, ma anche de' vari [notabili] motivi per cui talora, senza offendere il [decoro di nessuno] un Capo-Comico sia obbligato di stabilire e [assegnare].[18]

Ho veduto più d'una volta in ottime Compagnie francesi, per ragioni particolari, una prima donna cedere la sua parte ad una seconda; ho vedute altre mutazioni siffatte; e sono sempre stato d'opinione che comunque si distribuiscano le parti, purché la rappresentazione non ne patisca,[19] la cosa è indifferente.

Ella mi dice, preg. ma Signora, che i suoi Capi-comici inclinano a dar ragione a lei in questa questione. Pronuncino dunque il giudizio che a loro spetta, ed io sarò contentissimo.

Si compiaccia di riverire i suoi Compagni e Compagne per me, e singolarmente il sig. Domeniconi[20] mio buon amico, e mi creda con tutto il rispetto e distintissima stima

Suo umil. mo servo
Silvio Pellico

---

[18] Nella lettera in alcuni punti l'inchiostro è passato da una parte all'altra e alcune parole non si leggono bene.

[19] Anche all'epoca della rappresentazione della sua prima tragedia Pellico aveva avuto alcune perplessità nella scelta degli attori a cui erano state assegnate le varie parti, ma non era intervenuto. Dopo il successo della tragedia difese però la scelta di mantenere Domeniconi al posto di Maraviglia nella parti rispettivamente di Paolo e Gianciotto, mentre Ferdinando Meraviglia Capocomico all'epoca della compagnia "Belloni-Maraviglia" avrebbe preferito nelle repliche assumere lui questa parte. La risposta di Pellico è dunque sincera, ma anche diplomatica perché l'assegnazione delle varie parti non spetta all'autore di una tragedia, ma è vero nello stesso tempo che l'autore può intervenire se questa assegnazione viene fatta in un modo che rischia di penalizzare il suo testo.

[20] Domeniconi era l'attore che interpretando la parte di Paolo aveva contribuito al successo nel 1815 della prima rappresentazione della Francesca da Rimini del Pellico.

Torino, 20 maggio, 1833

A ONORATO PELLICO

[Busca], 18 agosto 1833[21]

Carissimo padre,

L'altr'ieri, venerdi, sono venuto al Roccolo, e sto benissimo. Questa bella villa e sopra un monticello, un quarto d' oretta prima di giungere a Busca. Di qui abbiamo la veduta d' un' immensa pianura, limitata dai monti di Cuneo, Mondovi ecc, e dalle colline -astigiane; paese tutto stupendo. L'aria e squisita, e si mangia con ottimo appetito. — Spero che avranno ricevuta una mia lettera che impostai a Saluzzo giovedi, nella quale io diceva che aprissero pure la lettera del conte Casati, e se vi fosse la cambialetta, o l'esigessero se

---

[21] *Monsieur Honorè Pellico Chef de Division dans la Direction de la Dette Publique Turin*

Autografo rintracciato sul mercato antiquario. Una riproduzione fotografica integrale compreso il retro con il timbro postale è consultabile al seguente link:

http://www.invaluable.com/auction-lot/pellico,-silvio-1-c-a79dae8e89

Pubblicata in PELLICO, Lettere famigliari inedite, cit. pp. 14-15.

conveniva che venissi io me lo scrivessero subito. Ora se m' hanno scritto pel solito indirizzo a Savigliano, la loro lettera mi perverrà domani. D'ora in poi mi scrivano a Busca presso il sig. march. d'Azeglio. Qui mi fermerò otto o dieci giorni.

Giovedi con tutta casa Santarosa siamo andati per la bella valle di Varaita assai innanzi, parte in carrozza, parte cavalcando su muli. Vedemmo Villafalletto, Fiasco, Venasca, Brossasco, Melle e Frassino. Tornando indietro, quando fummo vicino a Venasca incontrammo due preti ed un altro signore che si presentarono a salutarmi e dirmi gentili cose de' miei libri. Il signor secolare chiamasi Colmo ed e segretario della Giudicatura. Mi disse essere antico amico di lei, caro padre, ed avere avuto per fratello un domenicano di cui ella fu pure molto amico. Egli mi lascia di salutarla tanto. — Finisco in fretta, perche le lettere devono partire.

L'abbraccio teneramente ed insieme a lei l'ottima maman, i carissimi fratelli e sorella.

Il suo aff. mo Silvio

Dal Roccolo, domenica, 18 agosto, 1833.

A LUIGI PELLICO

[Torino, 8 ottobre 1833][22]

[…] Bene, e ti sono gratissimo della contezza che mi dai del libro di Dal Pozzo,[23] del quale aveva già inteso qualche cosa. E' un libro che

[22] Autografo nell'Archivio Centrale Salesiano – Roma (autografo incompleto costituito da un solo foglio, la data si desume dal timbro postale e dal riferimento al libro di Ferdinando Dal Pozzo pubblicato a Parigi nel 1833 e intitolato "Della felicità che gl'Italiani possono e debbono dal governo austriaco procacciarsi")
Pubblicata in M. STIVAL, *Un lettore del Risorgimento: Silvio Pellico*, Roma-Pisa, Istituti editoriali e poligrafici internazionali, 1996, pp. 74-75, oltre alla trascrizione della lettera nel libro è presente anche una riproduzione fotografica dell'autografo.
[23] Nato a Moncalvo (AT) nel 1768, Ferdinando Dal Pozzo fu membro del governo provvisorio piemontese (1798). Fautore

gli farà perdonare i fremiti d'ira che si lasciava scappare in passato, e coi quali mal credeva d'avanzarsi. Or prende un'altra via, e buon pro gli faccia. Ha servito da uomo d'ingegno all'assunto benemerito di deprimere alquanto il mio libro.

Un uomo meno accorto m'avrebbe detto grosse ingiurie od avrebbe profuso il grosso ridicolo. Egli mostra un po' di credermi, un po' di non credermi, e con garbo. Per ciò che mi riguarda, sono indifferente; e desidero che lo scritto suo non contenga giudizi erronei, se non sul mio conto. Ognuno è padrone d'avere per dubbia questa o quella parte de' miei racconti. A me basta non avere detto il più picciolo fatto che non possa essere attestato dalle persone che v'ebbero parte, o come attori o come spettatori, o come compagni o come guardie.

Tu hai trovato del buono nel libro di Dal Pozzo e ti credo. Sono persuaso che molte cose ragionevoli dirà; ma la sostanza! ...Ho veduto troppo da vicino il male, per consentire che abbia a chiamarsi bene. – Addio, carissimo. T'abbraccio di nuovo con tutti di casa. State bene ed allegri. Je te remercie aussi, mon chere François, des deux mots que tu m'as ecrit. Adieu, adieu. –

A PIER ALESSANDRO PARAVIA

Vigna Barolo, 2 luglio 1834[24]

---

dell'annessione alla Francia ricevette da Napoleone l'incarico di primo presidente della corte d'Appello di Genova (1809-14). Tornati i Savoia al governo, fu emarginato fino al marzo 1821, quando Carlo Alberto lo nominò ministro degli interni del suo breve esperimento costituzionale; già era stato curatore del patrimonio familiare del sovrano. Rifugiatosi in seguito in esilio a Ginevra, Londra e Parigi, nel 1833 pubblico "Sulla felicità che gli italiani debbono e possono dal governo austriaco procacciarsi", in cui manifestava chiaramente le sue simpatie per l'Austria; ciò lo rese inviso ai liberali. Per concessione di Carlo Alberto, fu autorizzato a tornare in Italia nel 1838. Morì a Torino nel 1843. (scheda biografica tratta da: http://www.italiapedia.it/dal-pozzo-ferdinando_appr_2520_comune-di-magnano_096-030)

[24] Autografo nell'Archivio dell'Istituto per la storia del risorgimento italiano di Roma. (Busta 106, inserto 88). Pubblicata in PELLICO,

Stimat. ᵐᵒ Sig. Prof. ᵉ ed Amico.

Ella m'ha fatto un caro dono: questo suo Plinio è tutto bellezza. Ne la ringrazio vivamente. Gli ha saputo appropriare così bene la nostra gentile favella, che pare non abbia mai parlato in altra.

La ringrazio pure delle amabili cose che m'ha scritto. Duomi di non aver potuto essere domenica a Torino per venire a riverire la degnissima Contessa Ottavia, e fare la proposta gita a Grugliasco con essa, col mio Paravia e con quel Romani che stimo assai assai.

Porga i miei rispetti alla Contessa, al Conte ed al Cavaliere, e dica a Romani che sono fra i sinceri apprezzatori del suo merito.

Dacché sto in villa, i miei polmoni respirano meglio. Vengo talvolta in città per abbracciare i miei Parenti, ma non mi vi fermo. Tuttavia voglio venirle a dire di viva voce quanto piacciami il Plinio, e le mostrerò i versi chiestimi.

Mi creda suo [aff. ᵐᵒ e fed. ᵐᵒ amico][25]

Silvio Pellico

A GIAN GIOSEFFO BOGLINO

[Torino, estate 1834][26]

Caro Gian Gioseffo, venuto un istante fa dalla Vigna Barolo per

---

Epistolario, cit. , p. 118

[25] In questo punto la lettera è danneggiata e le ultime parole della frase si leggono con difficoltà.

[26] Autografo nella Biblioteca Civica Centrale di Torino (Fondo denominato provvisoriamente Nuovi Acquisti, mazzo 2, fascicolo 12, lettera 8). Pubblicata in PELLICO, *Epistolario*, cit. , pp. 418-419 La lettera è priva di data, ma contiene un riferimento all'estate del 1833, in cui il Pellico aveva per sua stessa definizione "svolazzato" da una villeggiatura all'altra, ospite di alcune famiglie della nobiltà piemontese, tra cui quella della contessa di Masino, a cui era legato da una profonda amicizia. G. Stefani la inserisce nella sezione finale della sua edizione tra le lettere prive di data, senza proporre alcuna ipotesi sul periodo della sua composizione.

abbracciare i miei Parenti, e mosso a fare una commissione, ecco che m'imbatto nel nostro avv. o Bertinatti, e subito parliamo di te. Io già sapeva il servizio da amico, anzi da amicone, ch'ei t'aveva renduto[27] e questo merito di lui me lo faceva caro dieci gradi di più di quel che già era. Parliamo dunque di te, ed egli ed io siamo d'accordo, come puoi credere, a dire che sei un'anima delle più sincere che sieno sulla terra ed a rallegrarmi delle benedizioni che Dio ti concede. Bertinatti mi dice che a momenti stava per iscriverti, e che anzi veniva a scriverti nella tua camera - Vi voglio andare anch'io - dissi - e così avrò il piacere di vedere il suo alloggetto che ancora non conosco, e d'indirizzargli due righe di saluto. - Bene, andiamo - Ed eccomi per conseguente qua ad uno de' tuoi tavolini, contento d'avere quest'occasione per iscuotere la mia pigrizia e richiamarmi alla tua memoria, e contento del tuo appartamentino. - Godo che tu sia fra quelle creature che possono essere felici; e tu che sei savio, ed hai desiderii moderati, puoi esserlo.

Intanto sei a Masino, uno de' più bei paesi del mondo, presso un Angelo di bontà e d'ingegno qual è l'egregia (o per servirmi del tuo epiteto favorito) la prestantissima Contessa. Chi più beato di te? Bada dunque a fortificare la tua salute e a stare allegro. Ma ricordati anche di non lasciare ozioso l'intelletto. Studia, e studia[28]. A ciò che sai, bada d'aggiungere sempre alcun che. L'esercizio della mente è cosa nobile, e contribuisce a farci felici, non è vero, mio diletto Joanni?

Io sono sempre travagliato da asma, da tossi che vanno e vengono, da piccoli malanni di nervi. Ma mi burlo de' malanni fisici e ringrazio Dio di non essere facile ad attristarmi. Tuttavia questi incomodi mi vietano di svolazzare, come feci l'anno scorso, per diverse campagne, e davvero sarei andato tanto volentieri a Masino, ma l'aria costà è troppo viva, e me ne starò qui. Addio.Riverisci l'ottima Contessa, alle cui adorabili doti d'ogni specie penso spessissimo, e dille che sarei fortunato se cento volte ch'io mi ricordo di lei ella si ricordasse una di me. Riverisci parimente il sig.

---

[27] Segue una riga fittamente cancellata che rende impossibile la lettura del testo sottostante. Questa riga manca anche nell'edizione Stefani, anche se la cancellatura non viene segnalata.

[28] Seguono due parole cancellate che non sono riuscita a leggere. Questa due parole mancano anche nell'edizione Stefani, ma la cancellatura non viene segnalata.

Conte e Madamigella. - Addio, amami e dammi le tue nuove. Oh che piacere che Bertinatti abbia potuto renderti il servizio ch'ei bramava! Il Cielo lo benedica, e ne faccia un buon Avvocato, tutto premura e zelo per giovare alla brava gente!

il tuo Silvio

A MICHELE PARMA

[Torino, 4 marzo 1835][29]

Caro Michele
Mille grazie della conoscenza che m'avete fatto fare del sig. Orlandini.[30] Vi scrivo solo due righe perch'egli è sulle mosse. Salutatemi tutta casa Settime e gli altri amici. - Fatemi la grazia di portare la lettera mia per Casati al sig. Bolchese suo secretario, e vogliate dire a quest'ultimo che lo saluto caramente
Addio.

Il vostro Silvio

4 marzo, 1835

A GIORGIO BRIANO

Torino, 18 luglio 35[31]

Carissimo Giorgio.
Ben avevi donde credermi in Francia o più lunge, poich'io non ti dava segno di vita. Ma non mi mossi di qui se non per una gita a' deliziosi monti di Varallo, e poi per venire a' colli di Moncalieri,

---

[29] *Al sig. Michele Parma / Milano*
Autografo nella Biblioteca Civica Centrale di Torino (Raccolta Henry Prior, mazzo 41, fascicolo 4, sottofascicolo 20/10). Inedita.
[30] Francesco Silvio Orlandini, curatore della prima edizione completa delle opere foscoliane.
[31] *Al sig. Giorgio Briano / Prof. a Villanova / presso Casale / Monferrato*
Autografo nell'Archivio dell'Istituto per la storia del risorgimento italiano di Roma (Busta 539, inserto 34). Inedita.

dove starò tutta la state, ma facendo frequenti corse a Torino, ove le mie visite a' vecchi genitori li consolano. Lavoro al mio solito ora ad uno scartafaccio, ora ad un altro, e fra qualche mese o fra qualche anno, se camperò, darò alle stampe alcun che. Non mi fo fretta perché non giova farsela, e perché la mia salute va spesso maluccio, ed havvi giorni che lo scrivere mi nuoce al petto - massimamente quando son mesto. Perochè quella benedetta mestizia, sebbene io sappia che non val nulla, e mi sforzi di scacciarla, pur talvolta m'entra nell'anima e vi si stanzia e mi cruccia ore ed ore ed ore. E siccome so che gli altri s'affliggerebbero, se mi vedessero tristo, dissimulo il mio dolore, e cerco di foggiare allegria, ma lì dentro i palpiti sono di cuore che geme. M'era sorta grande speranza che i miei cari di Spielberg ottenessero la libertà dal nuovo imperatore, e quella speranza andò delusa. Solamente fu alleviata la pena con torre loro i ferri e dar loro miglior cibo, libri, carta, uso del proprio denaro, e quindi vestiario pulito. Questo è già molto; ma io che aveva fiducia di rivederli in libertà, rimasi dolentissimo. Or mi si dice che non siavi tuttavia da disperare. E' opinione di taluni che la liberazione de' miei amici abbia ad accadere all'incoronazione del nuovo imperatore in Praga, in settembre. Voglia il cielo che sia così! Non ti puoi immaginare quanto mi s'allargherà il cuore se quelle orrende carceri una volta si sgombrano, e se mi sarà dato di riabbracciare Confalonieri! Né mi sono mancati altri affanni, oltre le malignità de' letterati invidi e d'altra genìa malevola per asinità, ch'io non provoco mai ed a cui non mi degno mai di rispondere. Ma se la turba de' buffoni malvagi è grande sulla terra, vi son pure uomini schietti e pii davvero; e Dio m'ha fatto la grazia di darmene a conoscere parecchi in tutti i paesi, ed anche in Piemonte. Bisogna por mente a' que' buoni che vi sono, e non badar molto agli altri, e compatir gli stolti e gli scellerati, e pregare per loro. Da essi possiamo trarre occasione a virtù, facendoci longanimi e forti e religiosi.

Duolmi che tu abbia più di me provvisione d'affanni, e vorrei che invece tu e la tua ottima compagna foste felicissimi. Ferroni non è da piangere; beato chi in gioventù è chiamato all'altra vita, con tutto il campo d'apparecchiarsi al gran viaggio! Il buon Ferroni è morto con religiosissimi sentimenti, e questo deve consolarci. – Il conte Cesare Balbo è miseramente affetto di dolor di fegato, ma pure sta meglio. – Addio. Riverisci la tua signora, e vivi sano e paziente.

Silvio

AD AGOSTINO LASCARIS

Torino, 9 ott. 35[32]

Stimat. [mo] Sig. Abate
Mercoledì a pranzo, cioè troppo tardi perché potessi nello stesso giorno risponderle, ho ricevuto la gentile sua lettera, stata rimessa dal Cte Cossilla al March. [e] Barolo,[33] e da questo a me. Grandissimo piacere m'ha recato il vedermi onorato della sua ricordanza e de' suoi caratteri, e più piacere n'avrei sentito, se avesse soggiunto di possedere quell'ottima salute che sempre le desidero. So che non è cattiva, ma con un po' di tosse! Così mi dice il March. Guasco. – Ma quella tosse non la vorrei. – Abbiasi molta cura in questo primo infreddarsi dell'aria, affinché noi, quando la rivedremo in Torino, abbiamo, il contento di presagire per Lei un'invernata felice, o almeno discreta. Il March. [e] e la March. [a] Barolo sono a lei grati della sua brama d'aver nuove di loro. La March. [a] ha ripreso il solito andamento di salute, e faticose visitazioni al Rifugio, alle Sforzate, alle inferme di *Cholera*, ecc. Non va esente de' consueti dolori di fegato, ma non sono gravi, e li supera con animo lieto e scherzevole: la più efficace delle medicine. Il march.[e] s'affatica pure secondo l'ordinario, malgrado un mal d'occhi ond'egli è da più giorni travagliato. La stanchezza talvolta l'opprime, lo udiamo lagnarsi e protestare che ha d'uopo di riposo, e due minuti dopo, s'alza, corre, e la generosa voglia d'operare il bene gli rende un vigore di cui non pareva più capace. Un'altra volta s'accusa di selvatichezza, e poi quel preteso misantropo si mette a parlare con amabilità e abbondanza di giusti pensieri che stupisce.
Qui nient'altro di nuovo; si spera che il *Cholera* non possa più infierire, e si vada estinguendo. Domenica è la Madonna del Buon Rimedio: preghiamola, e confidiamo in lei più che nella scienza medica.
Voglio anche alla Mad. del Buon Rimedio chiedere che prenda

---

[32] *All'Egregio / Sig. Abate Agostino Lascaris / Envie*
Autografo nella Biblioteca Comunale Queriniana di Brescia (Autografi 119). Inedita.
[33] Il marchese Tancredi Falletti di Barolo

specialissima cura de' belli e spiritosi occhi della march.ª Guasco. Sento con piacere che l'occhio stato ammalato è pressoché guarito, e fo voti che la guarigione sia perfettissima.

Mi riverisca quella degna e bella Signora, che forse in questo momento sta leggendo Dante col fortunato Abate.

Mi riverisca pure D. Virginia e D. Leopoldina. Con angeli siffatti nel Castello d'Envie, il *Cholera* non vi si accosta; ed è perciò che l'astuto Abate vi s'è ricoverato. Ha ragione: la compagnia degli Angeli ottiene grazia a' peccatori.

Pallavicino è a Casale, Santarosa[34] alle Mollie, D. Operti a Bra. Larissè[35] la saluta. – Voglia bene al suo aff. ᵐᵒ Silvio Pellico

(Tante cose a D. Dagatti e al Sindaco)

AD AGOSTINO LASCARIS

Torino, 30 giugno '36[36]

Stimatissimo Signor Abate,

L'altro dì io stava in casa Barolo, al momento d'andare a pranzo, quando mi venne recata la gentilissima lettera di Lei, la quale non solo a me fece piacere, ma assai ne fece al Marchese ed alla Marchese, E chi può non voler gran bene al Soavissimo ? Inoltre- gli siamo stati molto obbligati di averci dato nuove dell'ottima Casa Guasco, e godiamo che siano nuove piuttosto consolanti. Ho scritto pochi giorni sono al March. Guasco. La partenza della Marchesa Barolo per Aix è avvenuta jeri sera: alle 11 ½. Suo marito l'accompagna fino a Si. Michel o St. Jean. I due Principi di Francia sono capitati in mal punto jeri a Torino, e per cagione loro i Barolo, che avrebbero voluto partire più presto, non poterono avere postiglioni e cavalli se non a quell'ora così tarda. Ma la Provvidenza

---

[34] Il conte torinese Pietro de Rossi di Santarosa.
[35] Il conte torinese Domiziano Mola di Larissè
[36] *All'Ornatissimo Sig. Ab. Agostino P. Lascaris / Saluzzo per Envie presso il March. Guasco*
Autografo nella Biblioteca Reale di Bruxelles.
Pubblicata in *Rassegna Storica del Risorgimento* del 1947, pp. 217-218.

22

forse ha disposto così, affinché la povera Marchesa che tuttora è
infermiccia patisse meno il caldo e non peggiorasse.

A Torino non si parla che del nuovo attentato contro Luigi Filippo.
Anche i nemici di luì si rallegrano che sia rimasto in vita, piuttosto di
avergli a succedere qualche feroce repubblicaccia di beccaj. Intanto
l'attentato fu motivo che i due Principi viaggiatori non si fermassero
qui, se non per poche ore, Il nostro Re li accolse con tutta
amorevolezza e li tenne a pranza. Ma e il magnifico déjeuner che Mr.
Faster doveva dare alla sua villa per onore degli augusti Ospiti ? E il
magnifico ballo in casa dei Rumigni, ove dovevano brillare tante
nostre leggiadre Dame e Damigelle? Quanti preparamenti e quante
spese! e tutto ciò in fumo!

Vuol sapere una novità più bella, più cara? Pallavicino è giunto. Non
l'ho ancora veduto, ma andrò or ora ad abbracciarlo, e lo abbraccerò
anche per Lei.[37]

Io negli scorsi giorni sono stato assai inquieto sulla salute di mio
Padre: grazie al Cielo mi pare meglio.

 Addio, stimatissimo Sig, Abate. Porga i miei rispetti al caro
Marchese e alle due angeliche Signorine.

Tante cose a D. Degatti.

Suo umilissimo servo
Silvio Pellico.

A LUIGI PELLICO

[Torino],7 Dicemb. 1836[38]

Mio caro Luigi. Il tuo romanzo m'è piaciuto assai, e non v'ha dubbio
che non mi accieca l'amicizia fraterna. Quand'io era più giovane,
preferiva i romanzi appassionati. Or parmi siano merce migliore
quelli ove non campeggia il sentimentale, ma bensì il giudizio e la
grazia del dipingere e del riflettere. Tal giudizio e grazia spiccano in

---

[37] In realtà Pallavicino era uscito dal carcere e aveva ottenuto di
potersi stabilire a Praga, ma non di rientrare in Italia.

[38] Autografo nell'Archivio dell'Istituto per la storia del risorgimento
italiano di Roma (Busta 267, inserto 16, lettera 1). Pubblicata in
PELLICO, *Lettere famigliari inedite. Epistolario italiano*, cit. , pp. 37-
38

tutto il tuo racconto. Lo apprezzeranno forse meno i giovani, e maggiormente gli ingegni fatti più pensosi da esperienza. Mi rallegro teco di tutto cuore, e ti soggiungerò che il romanzo mi sembra finire ottimamente, e che sono pago sommamente delle lettere. La novella dell'antro è un episodio alquanto inutile, ma non guasta; stante l'essere breve. Qual è la critica che ti farei? - Che il tema non sia svolto con maggior minutezza.

Ma questa critica vuol dire, che non avendomi tu dato il tempo d'annojarmi, m'è incresciuto di dover deporre così presto il troppo breve volumetto.

Il tuo Silvio

A CARLO MARENCO

[Vigna Barolo, 18 giugno 1837][39]

Caro Cavaliere

in campagna da alcuni giorni, prendo oggi soltanto una penna per salutare qualche amico lontano, e mando anche a lei due righe per ringraziarla delle gentilezze dettemi nella sua lettera del 4. La sua intenzione di parlare di me nel Subalpino è così manifestamente benevola che debbo essergliene grato. Non mi risparmi poi per soverchia indulgenza. Comunque Ella mi tratti, sarò contento. - E contento è stato pure dell'articoletto di lei l'autore della Novella, - in nome del quale la riverisco.

Sono di cuore l'amico suo

Silvio Pellico

18 giugno 37

AD ALESSANDRO CHECCUCCI

[Torino, 3 novembre 1837][40]

---

[39] *All'Ill. mo Sig. Cavaliere / Carlo Marenco / Ceva*
Autografo nella Biblioteca Civica Centrale di Torino (Raccolta Henry Prior, mazzo 41, fascicolo 4). Inedita.
[40] *Al M. o Rev. Sig. / Sig. padrone Col. mo / il sig. Professore*

Molto Rev. ^{do} Sig. Professore

Il sig. Bugani m'ha renduto un servizio segnalato avvertendomi d'un fatto assai per me dispiacevole, cioè [di] non essere mai giunta a V.S. alcuna mia risposta alla lettera di cui m'ha onorato, e al dono prezioso che m'ha fatto de' suoi due volumi. Io non aveva mancato di ringraziarnela, ma forse la persona che mise in posta la lettera mia, l'avrà cacciata nella buca invece d'affrancarla e così il povero foglio si sarà smarrito. Duolmi d'aver dovuto parere scortese ed ingrato. Io le diceva e le ridico ora, che il suo dono e le gentili espressioni di stima con che volle accompagnarlo mi furono gran prova della sua bontà, e cosa da me graditissima. Tengo ambi que' volumi in sommo pregio, sì perché fui e sono veneratore ed amatore di Cicerone, sì perché versione e spiegazione hanno qui l'impronta d'un ingegno colto e veggente che affatto m'appaga.

Giusti sono gli encomii scrittile dal P. Cordello, e mi vi sottoscrivo di tutto cuore, congratulandomi anch'io del merito di queste dotte ed utili fatiche.

Sarei ambizioso di farle gradire i due miei tomi di *Poesie inedite*, - composizioni buona intenzione, benché di poco valore, - Aspetto un incontro per mandarle quest'involto - Se m'indicasse alcuno a cui consegnarlo qui, gliene sarei obbligato.

Mi creda pieno di gratitudine, di stima e di ossequio

Di Lei, M. Rev. Sig. Professore
Umil. ^{mo} e obblig. ^{mo} servo
Silvio Pellico

Torino, 3 nov. 37

A CESARE BALBO

[Torino, 8 settembre 1838][41]

Alessandro Checcucci / P.D. S. P. / Volterra / Toscana
Autografo nella Biblioteca Nazionale Centrale di Firenze (Fondo Carteggi Vari, Cassetta 453).
[41] *Al Nobile Uomo / Il Sig. Conte Cesare Balbo*
Autografo nell'Archivio dell'Istituto per la storia del risorgimento italiano di Roma (Busta 550, inserto 58). Inedita.

Caro Sig. Conte.

So ch'Ella è passato jeri, e m'è rincresciuto di non essermi trovato in casa. – Il suo cuore è ottimo, e di più amicissimo da molti anni di casa Barolo – m'immagino l'afflizione con che avrà ricevuto l'orribile notizia, - e così parimente l'afflizione della sig. Contessa. Possono anche immaginare la mia.

Non è dicibile la perdita che tutti abbiamo fatta. – Giunto il marchese[42] a Chiari il 4 fu preso da una colica di 5 ore e ne rimase vittima in un meschino albergo. Così ha saputo da Milano il Re. Noi abbiamo avuto l'infausto annunzio, senza alcun ragguaglio particolare, da una lettera del medico Roffi, arrivataci jer l'altro. Jeri ne abbiamo ricevuta un'altra di esso del 5. la marchesa aveva accettato una stanza in casa del Parroco di Chiari. - Erale venuta una forte febbre, ma si sperava effimera e da non impedire il viaggio. – Immenso dolore, ma coraggio da santa.

Avevano ottenuto dalle autorità di Brescia la permissione di trasportare il cadavere, ma ciò non bastava e conveniva ottenerne il consenso dell'I. R. Governo di Milano. A tal uopo il cameriere Marchis era andato a Milano, e se poteva ritornar subito colla sanzione voluta, sarebbero partiti di Chiari il dì seguente, cioè 6.

M. de Sonnaz, dopo letta questa seconda lettera di Roffi, è partito jeri mattina alle 9, ma colla crudele incertezza della strada che la marchesa prenderà, potendo passare da Sesto o da Pavia, o fors'anche, ma non è verisimile da Milano.

Quando sarà questo doloroso arrivo della Marchesa[43] a Torino? Parmi che al più presto potrebb'essere domani. Ma forse tutte le formalità richieste piglieranno assai tempo, e giungerà due o tre giorni più tardi.

Preghiamo Dio per l'anima cara del marchese, ed altresì per l'infelice Marchesa che ha gran bisogno di forza per reggere a tal colpo.

I miei ossequi alla Sig.ª Contessa.

Sono di cuore

Suo aff. mo amico
Silvio Pellico

---

[42] Il marchese Tancredi Falletti di Barolo, morto a Chiari nel settembre del 1838.
[43] La marchesa Giulia Falletti di Barolo

Sabato, 8 sett. 38

[DESTINATARIO NON IDENTIFICATO]

[Torino, 24 novembre 1838][44]

Quanto più ho conosciuto ne' giorni del dolore Federico Confalonieri, tanto più ho dovuto stimarlo ed amarlo.

Silvio Pellico

Torino, 24 nov. 38

A LUIGI PELLICO

[Torino], novembre 1838[45]

[Gli studi del Parma[46] e il Vida, e anche la Favola Amatoria, mettili fra i libri che già hai letto]

Carissimo Luigi.

Col piego di jeri mattina doveva esser chiusa una mia letteruccia di saluto, e quando fu scritta, cominciai, mentre questa stava asciugando, a mettere insieme Gazzette, ecc. Ma dopo ciò feci altre cose, poi venni a chiudere il piego, senza più ricordarmi la lettera. Sovvennemi per via che essa mancava, e entrato nella prima bottega, scrissi quelle parole che v'hai trovate. - nel foglio dimenticato io ti diceva quanto segue: Essermi giunto il pacchetto da te consegnato allo Zuppa e quello più recente di sabato, e mi confessava balordo per aver temuto che il *fracchottho* non fosse stato gradito. - Non esser più comparso alla luce alcun fascicolo del Casalis[47] dopo il 15,

---

[44] Autografo nella Biblioteca Civica Centrale di Torino (Raccolta Henry Prior, mazzo 41, fascicolo 4, sottofascicolo 20/8). Inedita.

[45] Autografo nella Biblioteca Civica "A. Sacharov" di Saluzzo. Pubblicata parzialmente in PELLICO, *Lettere famigliari inedite. Epistolario italiano*, cit. , pp. 95-97

[46] Michele Parma

[47] L'abate Goffredo Casalis, autore del *Dizionario geografico storico-statistico commerciale degli Stati di S.M. il re di Sardegna*,

e stare il Casalis in lite con Maspero, Marzorati[48] e che so io, perch'essi vogliono che si contenti d'unirsi ad altri collaboratori per far presto e dare almeno otto fascicoli all'anno ed egli non vuole. A giorni uscirà la sentenza.

Io ti diceva inoltre come io avessi stimato di usare qualche buon uffizio per ottenere a Margherita la desiderata ammissione nelle Rosine, dandovi tutto il suo denaro. Non ho taciuto che ella è una smemorata, da non poter più far la serva in una casa privata, ma ho detto inoltre, ch'io nel parlare a suo favore, adempiva una brama della nostra povera Madre la quale aveva sempre detto a quella disgraziata: - Quando non potrete più servire, procacciate di farvi ritirare alle Rosine col vostro peculio.

Siccome io sono nell'abitudine di rendere convenevolmente conto alla sig.ᵃ Marchesa delle mie azioni, le ho altresì parlato della mia speranza di giovare a quella fatua, e fui approvato, colla generosa aggiunta che se il peculio fosse sembrato scarso, ella avrebbe messo il resto, trattandosi di far ritirare per tutta la vita una persona già attempata. E disse che v'avrebbe contribuito tanto più volentieri, dacché trattasi di secondare una caritatevole intenzione di Maman ch'ella reputa una Santa. Puoi ben immaginarti due cose: - una, che sono contentissimo che tu non abbia più da inquietarti e che ti sia deciso a mutare, pigliando una serva più intelligente - l'altra che godo d'aver potuto con tutta convenienza condurre quell'affare a favore di colei.

Or t'abbraccio di cuore e teco Giuseppina.

il tuo Silvio

lunedì

A LUIGI PELLICO

[Torino], 29 novembre 1838[49]

Torino, [Stamperia Reale], 1848. Nella polemica tra S. Pellico e V. Gioberti, nata dopo la pubblicazione della seconda edizione del "Primato" contenente un attacco contro i Gesuiti, il Casalis si schierò dalla parte del Gioberti e criticò duramente il Pellico. (PELLICO, *Lettere inedite a Carlo Muletti*, cit.)

[48] Gli scrittori piemontesi Maspero e Marzorati

[49] Autografo nell'Archivio dell'Istituto per la storia del risorgimento

Carissimo Luigi.

Ho ricevuto jeri sera il tuo piego, e ho veduto dalla tua buona lettera che fra i tuoi sentimenti quelli che prevalgono in te sono sempre d'affezione per chi ti ama, e di generosità. Sono alquanto consolato dalle tue espressioni amorevoli e indulgenti a mio riguardo, ma ho tuttora l'animo afflitto per i dispiaceri che hai provati. Mi pare che avrei ancora qualche ragione a dirti sul merito che vi è a non degnare di grande attenzione le colpe d'una lingua sciocca, ma tu avresti anche altre non deboli osservazioni a farmi. Per non inquietarti maggiormente, mi limito a ringraziarti della tranquillità con cui m'hai risposto. E solo aggiungi che il cav. Riva avendo detto fin da principio di voler collocare quella somma ad interesse a vantaggio delle Rosine in generale, e non già lasciarla alla Casa di Chieri, Giuseppina non ha punto operato colla speranza di avere per la sua Casa di Chieri siffatta somma.

La sig. ᵃ Marchesa ha preso un esemplare di Margherita da Pusterla, per farne lettura, ma non subito, avendo ora da leggere altre cose incominciate. Ella m'ha detto che frattanto lo mandassi in prestito a te, da leggersi con tuo comodo, non avendone essa alcuna fretta per quindici giorni o più.

Qui pure è nevicato, e nevica mollemente e nebbiosamente con quel freddo umido che fa prosperare i reumi. Bisogna cingersi bene di flanella, e far buon fuoco; il che ti raccomando. S'io fossi in vece tua, non pranzerei né cenerei più dabbasso, ove se anche tu farai fuoco, avrai sempre un freddo malandrino. Il salire coi piatti fino alla camera di sopra, non è gran distanza. Mettiti dunque a pranzare e cenare colà nell'ambiente temperato dalla stufa.

E sigilla quanto più puoi le finestre; la sigillatura fa molto. Michin può eseguirla a poco a poco in ciascuna delle stanze, tanto di sotto, quanto di sopra.

Addio, carissimo. T'abbraccio di tutto cuore e teco Giuseppina.

il tuo Silvio

giovedì, 29 nov.

---

italiano di Roma (Busta 539, inserto 39). Pubblicata in PELLICO, *Lettere famigliari inedite. Epistolario italiano*, cit. , pp. 93-94 Il periodo che parla della donazione fatta dal cav. Riva all'istituto delle Rosine manca nell'edizione curata da C. Durando

Il sig. Giordano, padre del Parroco di S. Rocco, è morto d'una specie di subitanea prostrazione, languendo poche ore, senza perdere l'intelligenza. Ricevuti i sacramenti, spirò. - Bertolotti è stato fatto membro dell'Accademia delle Scienze con Promis.-

A LUIGI PELLICO[50]

[Torino], Giovedì, 27 dic. 1838

Carissimo Luigi

---

50 Autografo nell'archivio dei Salesiani a Torino (CENTRO SALESIANO DOCUMENTAZIONE MARIANA, TORINO-VALDOCCO), Pubblicata in "Rivista Maria Ausiliatrice" n. 7/2007: Una riproduzione fotografica della lettera è stata pubblicata in http://www.donbosco-torino.it/ita/Kairos/Centro%20Documentazione/06-07/007-Manoscritti_antichi.html

[51] Il conte mantovano Giovanni Arrivabene che dopo essere stato coinvolto nel processo Pellico-Maroncelli con l'accusa di non aver denunciato Pellico, pur essendo a conoscenza della sua appartenenza alla carboneria, venne rilasciato nel dicembre del 1821 e andò in esilio insieme agli amici Camillo Ugoni e Giovita Scalvini. All'epoca in cui venne scritta questa lettera si era stabilito in Belgio.

[52] Ho fatto l'identificazione del destinatario sulla base del fatto che si tratta di una contessa con delle proprietà a Vercelli, ma sono disponibile anche a vagliare altre ipotesi di identificazione per il destinatario di questa lettera: Un cattolico integrale del Risorgimento books.google.itDomenico Massè - 1959 - 451 pagine - Visualizzazione snippet

rino; e nel 1834 la stessa Masino di Mombello ospitava a Torino e metteva in relazione col Pellico la dolce e infelice poetessa nizzarda Agata Sofia Sassernò (8). **Della contessa Polissena di Benevello, il cui marito fu pittore e primo iniziatore della torinese Promotrice delle Belle Arti,** ... e all'artiglieria e marciare su Vercelli, ove facevo conto di radunare tutte le truppe fedeli che avevo diretto

Nel pacco di libri miei che t'ho mandato jer l'altro, mancavano i due che or ti spedisco.

Ho ricevuta da Parigi una lettera del c. te Confalonieri che mi conferma l'inutilità delle domande fatte dagli esuli lombardi per rientrare in patria, e m'annunzia l'arrivo in Francia di parecchi di quelli ch'erano in America, fra altri Borsieri, tutti stati illusi dai termini larghi dell'indulto. I graziati furono assai numerosi, ma gente insignificante di cui si volevano sbarazzare le prigioni. Ciò che ai nostri amici si concede, se sono possidenti in Lombardia, si è di vendere ed emigrare legalmente, della qual grazia il conte Arrivabene[51] ed altri profittano. – Non ho altre nuove se non che l'opera ha fatto mezzo fiasco, ed il ballo idem. Al Sutera fiaschissimo. E tutto questo ch'è sì importante per molti, non interessa né te né me. Sta sano. Io sto bene e ti abbraccio di cuore e teco la nostra Giuseppina.

il tuo Silvio.

A POLISSENA DI BENEVELLO[52]

[Torino, 2 aprile 1839][53]

Ill.ma Sig.Contessa, Mi sono subito informato dai secretarj se si potesse avere anche una sola Brenta di vino Barolo vecchio e udito di sì, ho detto che si spedisca una Brenta di esso a Vercelli all'indirizzo ch'Ella, sig.a Contessa, mi ha dato. Mi si è osservato che piuttosto che spedirlo in un bottalino, il che è poco sicuro per la facilità di estrarne e mettervi acqua, meglio è spedirlo in bottiglie.

Così dunque ho ordinato che si faccia, e ciò si organizzerà in questi giorni, le feste Pasquali avendo cagionato un ritardo. Quando avrò la nota dell'importare, gliela trasmetterò.

Sempre pronto ai suoi comandi, mi protesto con particolarissima stima, di Lei.

Umil. mo e dev. mo servo Silvio Pellico

Torino, 2 apr. 39

---

[53] Autografo rintracciato sul mercato antiquario. Una riproduzione fotografica è consultabile in:
http://roma.bloomsburyauctions.com/detail/ROMA-60/134.0

A LUIGI PELLICO

[Torino],17 aprile 39[54]

Carissimo Luigi.

Ieri sera ricevei la tua di jeri mattina colle restituite gazzette. Dirò al Casalis il tuo giudizio tutto per lui, e ciò lo consolerà. Ei si protesta vittima di bricconi, e così davvero sembra. Ieri lo vidi assai afflitto, non solo del suo danno, ma del pensiero che taluni gli appongano torti ch'ei non ha. E' ansioso di poter soddisfare al pubblico.

Duolmi che Giuseppina sia stata un po' incomodata, ma l'essere libera dal mal di capo mi fa sperare che quei dolori reumatici cederanno. Può ella portarli alzata, o è obbligata a stare a letto? Vorrei che a quest'ora non ne avesse più sentore. Badate ambi al proverbio: - "Avril, gnanca un fil." Molti in queste mezze stagioni ammalano per vestimento troppo leggero. - Qui l'aria s'è di nuovo rinfrescata, e va piovigginando con istento.

Il rimanere operoso fra i letterati, ed influente sulla gioventù mediante scritti che la guidino, dipende parte dall'indole dell'ingegno, parte da circostanze. Io ho fatto poco, perché dieci anni di carcere avvezzano a riposo e a vita mentale, più solitaria che socievole. Manzoni poi non ha fatto poco, ed esercita un vero e giusto predominio sui giovani. Ché se lo sogliono imitare balordamente, come infatti vediamo, rifletti che questa è in ogni tempo la sorte della moltitudine studiosa. Innumerevoli furono le tragedie irte, secche, meschine di giovani adoratori d'Alfieri; son nate e morte per tutta la penisola. L'Ossian fece ossianeggiare in ogni luogo e niuno valse il Cesarotti. Pochi anni prima dominava Metastasio, e tutti imitandolo restavano a mille miglia. Quindi è naturale che ai giorni di Parini, di Monti e di Foscolo, siasi foscoleggiato e monteggiato e parineggiato da tutti i laureandi e laureati, con pochi lampi di quella originalità che dee improntare l'imitazione, per produrre il bello; e nello stesso modo è naturale che oggidì si manzoneggi con più imitazioni inette che potenti. Io no, non vedo con gran differenza in simili effetti, paragonando la letteratura d'un'età con quella d'un altra. Certi generi succedono ad

---

[54] Autografo nell'Archivio dell'Istituto per la storia del risorgimento italiano di Roma (Busta 539, inserto). Pubblicata in PELLICO, *Lettere famigliari inedite. Epistolario italiano*, cit. , pp. 160-163

altri, ma sempre le produzioni di pochi maestri sono motrici di produzioni ingloriose nella discepola turba. E anche venti o venticinque anni fa, sonava in bocca de' desiderosi il lamento che scarsi fossero i nuovi libri non meschini.

La positiva e sensibilissima differenza parmi solamente essere nel confronto di nazioni ove la letteratura è assai lucrosa, con nazioni, ove questo lucro non è possibile. Nelle prime gli aspiranti alla fama di scrittore sono più numerosi, perché insieme vi trovano chi pane, chi ricchezze; e dal gran numero esce uno stuolo non piccolo di valenti o quasi-valenti che forniscono assai pasto ai lettori. Nelle altre, tutti i giovani fanno qualche tragediuccia o altro, ma pochi persistono; e cercano il vitto nelle carriere più felici. L'Italia trovasi in questa posizione, ed è mirabile che veramente possa tuttavia vantarsi d'avere in ogni secolo una letteratura onorevolmente sostenuta da qualche intelletto che faccia molto parlare di sé con lode, o col solito rincrescimento sulla scarsezza delle sue composizioni.

Venendo poi al caso mio, ecco ciò che a me pare. Ingegno discreto, e gusto non cattivo m'hanno fruttato un tantino di celebrità; le mie sventure l'hanno accresciuta. Dicendo : "Basta così." Seguo la prudenza, e mi regolo secondo il sentimento delle lievi mie forze. Addio carissimo. T'abbraccio e teco Giuseppina a cui auguro perfetta guarigione.

il tuo Silvio

A NANCY PORRO CATTANEO[55]

---

[55] L'identificazione del destinatario di questa lettera è stata fatta sulla base di quanto Silvio Pellico ha scritto in una lettera del 26 gennaio 1839 indirizzata al conte Luigi Porro: «Carissimo Porro. Il conte Cattaneo è venuto giorni sono a portarmi una lettera della vostra buona angioletta Nancy [...] Misero mondo! Quante poche cose vanno bene! Tra queste poche m'ha rallegrato che tutto nel parto della Contessa Cattaneo sia andato felicemente, malgrado i tristi presagi che le turbavano l'immaginazione. Ora vuol passare a Milano qualche tempo per meglio rinforzarsi: il vedere i fratelli e gli altri cari congiunti le servirà di sollievo. Poveretta! E' stata sì crudelmente disingannata dopo la dolce speranza d'aver presto a riabbracciare il padre!» (S. PELLICO, *Epistolario*. Raccolto e

[Torino, 15 maggio 1839][56]

Ill. ^{ma} Sig. Contessa

sarei stato fortunato se avessi potuto soddisfarla nella dimanda che mi volge colla sua gent. ^{ma} lettera, relativamente alla persona che l'interessa, come attenente a codesta buona famiglia della balia. Ma duolmi di doverle dire che ne io ho alcun adito presso il Guarda-sigilli, né conosco fra i miei amici chi vi abbia adito. Non posso in questo caso neppur rivolgermi alla march. ^a Barolo, avendo essa per massima impreteribile di non raccomandare mai veruno per alcuna specie d'impieghi.

Gradisca le espressioni del mio sincero rincrescimento e della brama che sempre avrei d'attestarle la mia rispettosa servitù. Godo che la salute di lei e del bambino sia buona, e tale prego il Cielo che la conservi, siccome altresì di tutta la sua famiglia.

So che il suo carissimo sig. Padre sta bene. Ho ricevuto pochi giorni sono, una lettera non di lui stesso, ma del nostro Confalonieri.[57]

Mi riverisca il sig. Conte Cattaneo, se trovasi costà. Mille cose parimente al preg. ^{mo} sig. Pievano.

E mi creda qual sono di tutto cuore

Suo umil. ^{mo} e div. ^{mo}
Silvio Pellico

Torino, 15 maggio 39

A LUIGI PELLICO

[Torino], 17 agosto 39[58]

---

pubblicato a cura di G. STEFANI, Firenze, Le Monnier, 1856, pp. 186-187).

[56] Autografo nella Biblioteca Civica Centrale di Torino (Fondo denominato provvisoriamente Nuovi Acquisti, , mazzo 2, fascicolo 12). Inedita.

[57] Il conte milanese Federico Confalonieri.

[58] Autografo nella Biblioteca Civica Centrale di Torino (Fondo denominato provvisoriamente Nuovi Acquisti, mazzo 2, fascicolo 12). Inedita.

Carissimo Luigi

Accade di rado, e solo perché m'è grato di fare una piccola passeggiata mattutina, ch'io vada dal Genovese per tempo; non credere ch'io mi prenda un incomodo espressamente per portare il piego. Non è quindi cosa che punto debba turbarti, quando avviene. Pensa invece, e indovinerai, che andato, secondo l'uso materno, di buon ora in Chiesa, quel passo non m'è costato nulla.

Ho piacere che Giuseppina segua il mio consiglio di mettere quel suo peculietto alla Cassa di risp. E' meglio quel poco di lucro che niente. Io sarò appunto ancora in città, e spicceremo l'affare in breve tempo. - Tu mi dici che potrà vedere il gas, ma lo accendono tardi, e solo in contrada nuova, né parmi che Giuseppina ne vedrà nulla, finché l'illuminazione non sia generale; il che non avverrà se non quando il Corpo Decurionale preferisca questo al lume d'olio, o il maggior numero de' bottegaj voglia il gas per tutte le botteghe. Per ora vi sono solamente, oltre contrada nuova, alcuni Caffè, come il Fiorio o il Calosso, che brillano di tal luce.

La tua opinione sulle cose d'Oriente ha le sue ragioni: chi vi guadagnerà, par debbano essere Russia, Austria ed Inghilterra. Tuttavia l'Egitto sembra non per sé un fatto di gran peso, cioè le armi vincitrici, e assai credito sulla razza mussulmana. Dicono che Mehemet tenta di farsi acclamare dai suoi turchi imperatore. L'esito è poco probabile, ma se riuscisse, l'Europa sarebbe non poco agitata.

In gioventù, la mia immaginazione si volgeva con diletto alla politica; or non vi trovo più pascolo, dopo tante illusioni dissipate dalla forza ineluttabile degli elementi nascosti che reggono le società umane. E' un mondo di poche felicità e di molte sventure, mirabilissimo solo perché palestra alla virtù d'ogni individuo, dal povero ciabattino al monarca, purché vogliano.

Ho avuto la visita del P. Feraudi mercoledì. Giovedì sono stato per vederlo; non era in convento. L'ho poi incontrato per via.

T'abbraccio, e teco la nostra carissima Giuseppina che vedrò dunque nel giorno 24.

Il tuo Silvio

17 ag. (sabato)

A CARLO TROMBETTI

[Torino, 13 ottobre 1839][59]

35

Carissimo amico.

La vostra lettera così buona, così amorevole mi rimostra in voi quel conte Trombetti di 20 anni sono, che tutti giustamente amavamo. Vorrei che il lungo tempo corso fosse passato per voi fra null'altro che consolazioni, cioè all'opposto di quello che a me è succeduto. Spero che così appunto sia a riguardo vostro e della gent. ^{ma} Contessa; non già per intero (poiché avete perduto persone care) ma almeno con dose di bene che superi il male. Auguro a voi due e a' vostri cari figliuoli ogni vera prosperità. Mi ricordo della vostra Giuseppina, e la vedo ancora piccolina com'era, né mi par vero che or abbia a essere una gran persona che non potrei più far ballare sulle mie ginocchia.

Vado protraendo quasi per miracolo una vita sempre infermiccia, e talvolta infermissima. I miei polmoni sono stanchissimi e stentano a respirare. Ma debbo ringraziar Dio di quello che ho sofferto e di quel che soffro. La mia mente era troppo leggiera nella mia giovinezza. Vi volevano le Croci per avvicinarmi un poco al Signore; le mie sventure sono state grazia divina. Lo sento profondamente, e questo sentimento mi regge, mi conforta, e addolcisce tutti i patimenti miei. – Pregate pel vostro Pellico voi, Gina, ed i vostri figliuoli; - vorrei ancora rivedervi sulla terra, e rivedervi felici; ma se non sarà quaggiù; ho fiducia che sarà nella vita migliore.

Vostro aff. ^{mo} amico Silvio Pellico

Torino, ossia dal vicino colle
13 ott. 39 – (anniversario d'un mio terribile giorno nel 1820 -)

A LUIGI PELLICO

[Torino], 23 ottobre 1839[60]

---

[59]*Al Nobile Uomo / Il sig. Conte Carlo Trombetti / Piacenza / Ducato di Parma e Piacenza*
Autografo nell'Archivio dell'Istituto per la storia del risorgimento italiano di Roma (Busta 825, inserto 7). Inedita.
[60] Autografo nell'archivio capitolare di Pistoia. Una riproduzione fotografica dell'autografo è presente nel seguente link:
http://www.archiviocapitolaredipistoia.it/eng/silvio_pellico_lettera_a

Carissimo Luigi,

Ieri siamo ritornati in città, ed il tempo ci
sorrise. Vedemmo quanto sia stata la forza delle acque per varii
luoghi; tre case sulla riva sono in macerie come dopo un terremoto.
Fa tanto più pietà perché son case di povera gente. Dici bene: è
infinita la turba dei poveri di cuore basso e maligno, e puoi pensare
se la sig. Marchesa occupandosi tanto di miserie non iscorga spasso
tutta la bruttezza di quelle anime use a bugia, a rapina , ad odio
contro superiori ed eguali. Ma tutti i buoni fremono da un canto sulla
malvagità dei rozzi, e compatiscono dall' altro. La povertà è una
prova orrenda, e non è da stupire che fomenti i livori e le perfidie. E
poi chi ha il mezzo di beneficare, vi si sente obbligato dalla propria
coscienza e dal precetto assoluto della religione; ne manca altresì la
consolazione di veder talvolta con certezza, fra gl'infimi, persone
degne di stima e di compianto. Cosi è che la sig. Marchesa non si
disanima in mezzo a motivi non lievi di disgusto, ma ciò che più la
sostiene, è il pensiero religioso. Inoltre uno dei vantaggi della molta
ricchezza, si è di non esser mai sommamente danneggiato dalle
birberie dei piccoli; il che aiuta al perseverare nel generoso assunto
di giovare e perdonare ai disgraziati, in ragione del loro patire.
Intanto qualcheduno , salvato dallo squallore, riabilitato al lavoro,
diventa buono, o meno tristo, e la moltitudine povera prosegue ad
odiare chi possede, vinta dalla sciocca, ma incalzante logica dei
pretesi diritti da vendicare ; logica che la religione tende a
correggere, e dov'ella davvero penetra, la corregge infatti. Ma oh
quanto la sua santa influenza è limitata! E perché? Probabilmente,
perché nella natura attuale dell'uomo, molti brutti mali servono ad
affinare quelle anime che vogliono esser rette o farsi migliori.
Militia est. Questa è guerra, e la pace sarà, nell''altra vita ai forti nel
bene operare, o almeno nel ben desiderare. Considero spesse volte
siffatte cose ed anzi sono forse quelle di cui non m'annoio mai. In

---

Non essendoci il timbro postale è probabile che Pellico abbia inviato
la lettera al fratello insieme a dei libri facendo un pacco come faceva
spesso perché poi per lettera Silvio e il fratello si scambiavano delle
opinioni sui libri letti.

37

gioventù ci domina l'immaginativa, in vecchiaia la riflessione, l'indagine morale, la tendenza a discorrere con Dio e a sentire qualche cosa delle sue adorabili ragioni. — Ma chiudo abbracciandoti, e con te la nostra carissima Giuseppina. Voglia il Cielo che al Canonico [Riva]61 succeda alcuno più veggente in quell'amministrazione! pare che non debba esser difficile.

Addio. Sono del tuo sentimento sull' essere da preferirsi la vita di città a quella di piccolo possidente in campagna, e darei volentieri del mio sangue perché tu potessi tornare a vivere in Torino. Forse io sarei meno costante e paziente di te.

Martedì, 23 ottobre

A PIER ALESSANDRO PARAVIA

[Torino, 2 gennaio 1840][62]

Caro Cav. Paravia
Le trasmetto la letterina per l'ab. Zinelli, e le sono gratissimo del favore. Mi voglia bene, quest'anno come ne' precedenti, e mi creda pieno di vera stima e suo servo ed amico.

Silvio Pellico

giovedì, 2 genn. 40

A LUIGI PELLICO

[Torino], 22 marzo 1840[63]

---

[61] Nell'edizione pubblicata da Celestino Durando si riporta la sola iniziale del nome seguita dai puntini, ma nell'autografo in realtà il nome è stato scritto interamente e poi cancellato. Non so se la cancellatura è stata fatta al momento della pubblicazione o in precedenza. Comunque al momento della spedizione della lettera il nome di questo canonico era presente e ho ritenuto corretto filologicamente riportarlo visto che la cancellatura è stata fatta in modo sommario e il nome ingrandendo la foto si legge senza difficoltà.
[62] *Al Nobile Uomo / il Sig. P. Al. Paravia / Professore / Torino*
[63] Autografo nella Biblioteca Comunale Labronica "F. D. Guerrazzi"

38

Carissimo Luigi

Eccoti coi giornali una lettera di François per te e per Giuseppina. Mi dicono ch'egli è in buona salute, e molto amato e venerato per la saviezza e la santa allegria con cui egli s'affatica ne' suoi doveri. Lo lodano pure d'esser fortissimo in erudizione ecclesiastica. Godo ch'ei viva apprezzato e felice, tra occupazioni faticose, ma di suo genio.

Codesta giovane [...], per la quale eri andato dal canonico Schioppo, ha già trovato da accasarsi. Maritasi con un buon giovane [..][64] Non poche simili peccatrici vengono educate e rigenerate nel *Rifugio*, da diventare poi oneste mogli e madri esemplari. Altre non vogliono più uscire e malgrado la vita ivi povera e dura, trovano la loro pace nelle dolci cure monacali, alternando lavoro e preghiera.

Ma addio. Notizia nessuna. T'abbraccio e teco la nostra carissima Giuseppina.

il tuo Silvio

domenica, 22 marzo

A LUIGI PELLICO

[Torino], 6 aprile 40[65]

Carissimo Luigi

Ho ricevuto il tuo piego di sabato. Poiché per l'uniforme di Consigliere v'è costà un sarto a ciò uso, spero che t'avrà servito bene. - Ieri incontrai la sottomaestra che mi diede buone nuove di te e di Giuseppina. - Confalonieri m'ha scritto da Milano dicendomi le

---

di Livorno (Autografoteca Bastogi). Pubblicata in : S. PELLICO, *Lettere famigliari inedite*, cit.

[64] Autografo nella Biblioteca Comunale Labronica "F. D. Guerrazzi" di Livorno (Autografoteca Bastogi). I nomi dei due   giovani sono stati cancellati e sono di difficile lettura.

[65] Autografo nella Biblioteca Civica Centrale di Torino (Fondo denominato provvisoriamente Nuovi acquisti, , mazzo 2, fascicolo 12, lettera 2). Pubblicata in PELLICO, *Lettere famigliari inedite. Epistolario italiano*, cit.

dolcezze e i dolori del suo ritorno in patria. Suo padre è stato in gran pericolo ed or va meglio. Il timore di perderlo presto, la mancanza di molte persone care e soprattutto della sua angelica moglie, tanti cangiamenti avvenuti gli tolgono in gran parte il bene di sentirsi ripatriato. E certo fra tutti quegl'infelici è il più fortunato, perché molti vantaggi gli arridono, ed è circondato da fratelli e congiunti che gareggiano ad amarlo ed onorarlo. - Sarebbe altresì tra i fortunati il conte Porro ripatriando, il che farà presto, ma de' suoi tre figlia, l'ultimo solo, Giulio, è di vera consolazione per lui; gli altri due sono sventati spenditori, pieni di debiti. E questa è grande afflizione che maggiormente sentirà in paese, ove que' debiti saranno piaghe non lievi da medicare. - A Borsieri succederà pur troppo come tu pensi, tolto che la sventura l'avesse reso finalmente più capace di pazienza e di fermo proposito. Temo che prediliga sempre gli studj sì poco fruttuosi della letteratura, invece di voler fare l'avvocato. Dicono che non sarebbe alieno dal farsi Barnabita, ma per entrare in quella congregazione vi vuole una rendita annua, e questa gli manca. Se per generosità altrui la trovasse, potrebbe ivi goder pace e divenir professore. A tante disgrazie di lui s'aggiunge la pazzia di suo fratello. -

L'articolo di Cousin è fatto con garbo e senza declamazioni; generalmente è piaciuto.

Nei giorni scorsi erasi pubblicata un'orazione di Brofferio contro al medico Poeti, cioè in difesa del medico De Rolandis dal Poeti ingiuriato, per il che il De Rolandis s'è volto ai Tribunali. Quell'orazione fu fatta dai parenti dal Poeti ritirare e proibire dall'autorità, come contenente espressioni non lecite, su cui era stata indulgente la Revisione.

Addio, carissimo. T'abbraccio, e teco la nostra Giuseppina

il tuo Silvio

lunedì, 6 apr.

A LUIGI PELLICO

[Torino],19 aprile 40[66]

---

[66] Autografo nell'Archivio dell'Istituto per la storia del risorgimento italiano di Roma (Busta 539, inserto). Inedita.

Carissimo Luigi.

Ho ricevuto la tua lettera colle gazzette. La mia comparsa a Pinerolo s'è saputa subito, ma non ivi parlato con altri che col Vescovo e col conte de Mombes. La villa di questo signore non esisteva affatto altre volte, cioè v'era un fabbricato rustico, e vi s'è creato un palazzetto. Stamane ho avuto la visita dell'int. Candi che ti saluta. Egli parte domani per Francia, Inghilterra, Belgio e Baviera ad esaminare carceri, ospedali, scuole, ed è contento della sua commissione. - Il canonico Marentini, infermo da più mesi, è giunto a languidezza tale da non più riaversi; taluni ne accagionano l'inefficacia dell'omeopatia, sistema in cui suo nipote Poeti gli aveva ispirato fiducia. Verisimilmente non è l'omeopatia, ma la vecchiaia che gli toglie la vita, né forse gli altri medici l'avrebbero sostenuto. - Gli impegni di Poeti, i suoi appoggi e non so quali imprudenze di Brofferio hanno fatto sospendere il Messaggiere e il Dagherrotipo. Ma dicono che Brofferio sia andato dal Re e debba spuntarla.

Povera Giuseppina! avesse almeno, dopo sì dolorosa settimana santa, una migliore salute per festeggiare la Pasqua! Gliela desidero con ogn'altro bene, e del pari a te. Vi abbraccio ambidue, e t'auguro pure una Processione che non accompagnino né pioggia né sole. Qui a buon'ora pioveva, poi è cessato. - Addio.

il tuo Silvio
domenica di Pasqua

Quell'armadura che vedesti a S. Filippo è appunto per dare esecuzione alla facciata.

A LUIGI PELLICO

[Torino], lunedì, 27 apr. 40[67]

Carissimo Luigi.

Ho ricevuto il tuo piego di domenica. - Alla Vigna non andremo sino al fine di Maggio, e quindi giovedì avrò il piacere di vederti. Né a

---

[67] Autografo nell'Archivio dell'Istituto per la storia del risorgimento italiano di Roma (Busta 829, inserto). Inedita.

Pinerolo più occorre ch'io vada, l'affare di cui ti diedi cenno essendosi aggiustato. Quelle gite mi piacquero, mi misero buon appetito, ma siccome oltre ai cinquant'anni si pende a vecchiaia ed acciacchi, la mia lieve fatica m'ha pur dato qualche dolore reumatico alla schiena. Ma or si traspira facilmente, e così si risana.

Saprai che di nuovo esce il Messagiere, e del pari tornerà ad uscire giovedì il Dagherrotipo, benché la società del Furetto sperasse rimanerne dittatrice. Ma i Furettisti dilateranno la loro potenza col reggere d'or innanzi il Museo scient. lett. dal quale il sig. Cicconi s'è dismesso, lasciando il suo posto a Romani. - Tutti questi nostri fogli sono vane e meschine chiacchiere, il cui merito si riduce a quel poco lucro che ne cavano gli estensori. Vero è che dal più al meno si può dire lo stesso di tutti i giornali letterari del mondo. Ed intanto sono pascolo e stuzzicamento ai lettori.

Addio. A rivederci giovedì. T'abbraccio e teco la nostra carissima Giuseppina.

il tuo Silvio

Erasi detto, ma ora ciò si smentisce, che tutta l'istituzione delle Rosine dovesse abolirsi. Vi si fa solo una savia riforma, affinché possa mantenersi co' propri lavori.

A LUIGI PELLICO

[Vigna Barolo, 27 maggio 1840][68]

Carissimo Luigi

A momenti parto per Torino, ed apparecchio il piego che arrivando porterò al Genovese. Ricevetti ieri il tuo colle lire 3 e godo che la roba speditati sia buona.

Facesti bene d'indirizzarmi quell'uomo che venne a sollecitare per quelle due figliuole, ed ogni volta che t'occorressero cose simili, non temere mai d'essere importuno.

Quel Leger Noel ha tradotto bene anche le *Prigioni* come vedrai dal volume che ti mando. Jules Pautet mi manda stampata quella poesia che già vedesti manoscritta.

---

[68] Autografo nella Biblioteca Nazionale Centrale di Firenze (Raccolta Tordi, Cassetta 548). Edita parzialmente da C. Durando.

La vigna cominciò solo ieri a parerci un po' calda, ma non già troppo. Nella giornata del nostro arrivo, che fui sabato, avemmo freddo. Per buona prudenza io non m'era ancora vestito alla leggiera, onde non ho patito, ed anzi sto benone. Non abbiamo ancora altri vicini che i Balbo. Essi ti salutano, e al solito si dolgono gentilmente che tu non abbia la vaghezza delle peregrinazioni per venire di quando in quando da questa parte del colle. - Se questa vaghezza ti pigliasse, saresti accolto con piacere da loro, dalla Marchesa, e doppiamente da me. - Penso che in questi giorni di temperatura discreta, andrai talvolta nelle ore mattutine alla cascina. Bada a non patire né aria né sole, ed anzi ad acquistare salute.

T'abbraccio di tutto cuore e teco la nostra carissima Giuseppina.

il tuo Silvio

Mercoledì, alle 6 matt. 27 maggio 1840

[T'avverto che quando vo a Torino, mi vi fermo più ore e perciò ho tempo di fare qualunque tua commissione. Onde non mi risparmiare ove t'occorra.]

A LUIGI PELLICO

[Vigna Barolo], 15 giugno 40[69]

Carissimo Luigi.

Il nostro villeggiare alla Vigna s'interromperà prima che finisca giugno, cioè ai 27 o 28, perché i dolori artritici della sig.a Marchesa la inducono ad andare a provare i bagni d'Acqui nel luglio. Io mi fermerò alcuni giorni a Torino, e poi andrò a passar teco il resto del tempo sino al ritorno della sig.a Marchesa. Dopo di che si verrà di nuovo alla Vigna. - Dicesi che per nuovi torti di Brofferio, il suo Vitige non si reciterà. Egli è tacciato (non so poi se sia vero) d'avere alterato il suo primo manoscritto, inserendovi parlate ardite che non si possono permettere. Ignoro se quella tragedia or rimanga del tutto proibita, o se l'autore trovi modo di ottenerne di nuovo la recita con

---

[69] Autografo nell'Archivio dell'Istituto per la storia del risorgimento italiano di Roma (Busta 539, inserto). Pubblicata in PELLICO, *Lettere famigliari inedite. Epistolario italiano*, cit. , pp. 268-269

nuovi impegni.

Io t'aveva scritto dalla Vigna quanto sopra, ed ora finisco a Torino, ove siamo per qualche ora venuti. Ho trovato il tuo piego. Borsieri è giunto felicemente a Milano; ne ho l'annunzio non da lui, ma dal cav. Caponago, amico nostro che l'ha incontrato, il quale mi dà pur notizia della morte del padre di Confalonieri. Scrivendo a Borsieri, gli dirò quel che m'esprimi a suo riguardo. - Il Vitige è veramente sospeso, ma il sig. Balbino che ho veduto or ora passando m'ha detto, com'io già aveva inteso, esservi stata qualche imprudenza; peccato! Volevano che la Censura diventasse meno severa, e le danno nuova ansa per esserlo. -

Addio, mio caro Luigi. Torneremo a giuocare a scacchi. Conservati in salute. Il sig. Balbino m'ha detto di salutarti. Gli duole di non essere stato a Cambiano un dì che tu vi facesti una passeggiata.

Se Giuseppina non è ancora invisibile per effetto degli Esercizi (che sogliono essere giorni di gran ritiro) teco l'abbraccio.

il tuo Silvio

lunedì, 15 giugno

A LUIGI PELLICO

[Torino], 27 agosto 1840[70]

Carissimo Luigi.

Ricevetti ieri il tuo piego coll'annunzio del buon ritorno delle due viaggiatrici. - Tutte quelle Revues m'erano state ritardate dal gentile partecipatore, per cagione di villeggiatura, e poi me le mandò insieme. Non v' è alcuna fretta per la restituzione. - Io non aveva letto nel giornale des Villes l'art. necrologico di cui mi rendi avvertito. Quella buona Baronessa napoletana, vediamo dunque essere stata in alta fortuna, per aver collocato una figlia, si può quasi dire sul trono; il che dee far presumere che tutti gli altri suoi figli sieno elevati ad onore e prosperità. Era donna così pingue già fin da allora, né quindi è da stupirsi che sia stata colta da apoplessia. Avrà avuto la nostra età o qualche anno più di noi. - Si sta estinguendo di

---

[70] Autografo nell'Archivio dell'Istituto per la storia del risorgimento italiano di Roma (Busta 539). Pubblicata in PELLICO, *Lettere famigliari inedite. Epistolario italiano*, cit. , pp. 284-285

consunzione la figlia del march. Roberto D'Azeglio, moglie del cav. Di Villamarina. In eguale stato è la contessa Gromis nata Ferere, ed anzi più prossima al fine. Patiscono ed aspettano la morte con pace e gran religione.

Si crede poco verisimile la guerra, ad onta dell'urto avvenuto. Voglia il cielo che si tiri innanzi con palliativi; e pare che tutte le Potenze lo bramino.

Noi andremo solamente alla Vigna al 5 di settembre.

Addio. Sta bene. T'abbraccio e teco la carissima Giuseppina.

il tuo Silvio

giovedì, 27 ag.

Il conte Porro, finalmente ripatriato, è contento d'essere in mezzo a tutti i suoi figli, ma pur trova Milano così mutata per tante morti e vicende e trasformazioni che non vi rimarrebbe, se non fossero le ragioni di famiglia. Lo capisco. - Egli ha un conforto nella presenza del suo amico Confalonieri, il quale si ristringe parimenti a vivere con pochi, ed ad occuparsi di beneficenze. - Borsieri dev'essere a Trento.

*Il monumento dedicato dalla città di Savona
allo scrittore Pietro Giuria.*[71]

[71]http://www.chieracostui.com/costui/docs/search/schedaoltre.asp?ID
=3651

46

A PIETRO GIURIA

[Torino 10 luglio 1840][72]

Caro Amico Vedi che trista cosa è quell imprendere un lavoro poetico a pezzi staccati Farai belli i singoli pezzi ma sono catena rotta e non si sa come rannodare Vi vuol fantasia e grazia per eseguire e tu hai questi doni ma non bastano al poeta se non si limita ad esser poeta di brevi composizioncelle Chi assume quadri non brevi drammatici o narrativi deve meditarli e disegnarli davvero e non da burla Che diamine di pigrizia o di puerile fiducia Sognare che senza disegno quattro bei pezzi s abbiano ad attaccare insieme con armonia Collaltino vuol essere dipinto come strascinato dalla bellezza e dalle virtù d Idelbene ad amarla e come straziato dal dolore d essere infedele alla prima amante Ma quei mancatori di promessa alle fanciulle quei caratteri da Giasone da Teseo da Enea o simili sono difficili ad abbellirsi Eppur bisogna ingrandirli con arte o si facciano desiderosi di virtù o si facciano birbanti Spero che saprai superare ogni scoglio ma il solo consiglio che io sappia darti è questo Non far più un verso di questa Cantica finché tu non ne abbia maturato il disegno e create le debite armonie de caratteri e de fatti. Il genere delle Cantiche ammette lacune ma non estreme non nocive allo svolgimento non gettando li in un cerchio che per forza li leghi parecchi abbozzi Hai capito? il tuo squarcio sull'itala terra è bello Ma voglio altro che squarci da te, se ti senti lena da composizioni lunghe! Voglio disegni pensati per intero avanti di far versi. E poi un esecuzione che cominci non a salti, ma dalla prima scena e proceda sino all'ultima Se il *puo* , lo devi Se nol *puoi*, tieni a cose liriche d una facciata o due. Sono certo che puoi disegnare poemi non brevi ma sei male avvezzato e non ti piace meditare con pazienza e costanza Vizio da scolaro Caccialo via T abbraccio Quando vedrò Briano ed il reduce Flechia li saluterò per te Il primo è venuto da me stamane un istante a leggermi alcuni suoi versi.

Il tuo Silvio Pellico

---

[72] *Al Nobile uomo / il sig. D. Pietro Giuria / Savona*
Autografo nel museo del Burcardo di Roma.
Pubblicata P. GIURIA, *Silvio Pellico e il suo tempo*, cit.

Torino, 10 luglio 40

A GIULIO PORRO

[Torino, 16 novembre 1840][73]

Mio carissimo Giulio.
Quando il professore Calvi mi fece rimettere la tua buona lettera, io stava in campagna e coi soliti affanni di petto. M'increbbe di non poter vedere il professore, il quale avrei conosciuto volentieri per lui stesso e perché amico del mio sempre carissimo Giulio. Il viver mio è di passare pur troppo di doglia in doglia; il che vuol dire che la mia piccola ossatura è vecchia da capo a piedi. Or la disgrazia sta nel respiro, or mi visitano flussioni, malanni artritici, reumatici; e così l'uomo resta nullo, e il più bello ch'ei sappia fare si è di annoiare il prossimo raccontandogli stoltamente i propri mali. Il che non serve a niente. - Io mi astengo quanto posso dal raccontarli; e poi ecco che, di tratto in tratto, fo come gli altri, per non defraudare gli amici di una così divertente ed utile cognizione. -
Abbracciami tanto il padre; digli che nel mio affannoso vegetare, sebbene per nove decimi annullato dai patimenti, pur v'è un decimo di vita sempre calda, in cui serbo dolce memoria di lui, e di tutta la sua famiglia. Sì, miei amici; vi amo costantemente, e non cesserò in eterno.
[Tante cose alla tua angelica sorella, ai fratelli, ad ogni nostro caro. Dì, ti prego, al nostro Confalonieri che mi vergogno di non avere ancor risposto alla sua buona lettera. Mi propongo di scrivergli domattina.
Se vedi Primo, Borsieri,[74] Castillia,[75] salutameli tanto. So che Primo venne a Torino; mi duole davvero di non essere stato qualche momento con lui. - Addio.

---

[73] *Al Nobile Uomo / D. Giulio Porro / Milano*
Autografo nell'Archivio dell'Istituto per la storia del risorgimento italiano di Roma (Busta 539, inserto 40).
Pubblicata parzialmente in PELLICO, *Epistolario*, cit., p. 216.
[74] Pietro Borsieri.
[75] Gaetano De Castillia.

Torino, 16 nov. 40]

A CARLO MULETTI

[Torino, 12 dicembre, 1840][76]

Mio caro Muletti.
Un uomo ch'io venero assai per la sua dottrina e per rare virtù, il vecchio Paolo Bedoschi,[77] prevosto di Chiari in Lombardia, mi prega di raccomandare a qualche Saluzzese un giovane dabbene suo Parrocchiano scritturato a Saluzzo pel teatro del prossimo Carnovale. Egli è il sig. Giuseppe Marchetti. Tu sai che io, venuto via fanciullo da Saluzzo, non ho ivi famiglie con cui tenga relazione. Scrivo dunque a te affinché se puoi ti adoperi a procurare al sig. Marchetti qualche conoscenza. Non ti volgerei questa dimanda per una persona che non ho mai veduta, se non mi venisse lodata assai dal Bedoschi. Da tuo fratello ho inteso, che fosti giorni sono a Torino ma di volo. So da lui che stai bene e ne godo. Io sto al mio solito modo che non è il più florido, ma i miei patimenti sono sopportabili, ed insomma, vo prolungando la vita finché posso, quantunque mi paia d'aver cent'anni. Ho la fortuna, in mezzo a' miei mali, di poter leggere senza che la mente; tal è il mio maggior divertimento. Addio. Conservami la tua cara amicizia. Porgi i miei ossequi all'ottima tua sig. Moglie e salutami tanto i figliuoli fra cui annovero il nostro Craveri.[78]

---

[76] *All'egregio / Sig. Carlo Muletti / Storico di Saluzzo, ecc. ecc.*
Autografo nella Biblioteca Civica "A. Sacharov" di Saluzzo.
Pubblicata parzialmente in PELLICO, *Lettere inedite a Carlo Mulettii*, cit. , pp. 10-11
[77] Paolo Bedoschi (Chiari 1770-1841). Parroco di Chiari dal 1821 fino alla morte scrisse un *Discorso funebre istorico* dedicato al suo maestro e predecessore, il sacerdote Stefanio Antonio Morcelli ed un'opera di devozione intitolata *Agapea, sive dies festi Agapae martyris*. (S. PELLICO, *Lettere inedite*. Pubblicate a cura di L. DELLA VALLE, Modena, Tipografia dell'Immacolata Concezione, 1861, p. 22))
[78] Vincenzo Craveri, marito di Ermelinda Muletti, figlia di Carlo.

Torino, 12 dic. 40
Sono di cuore il tuo aff. [mo] - Silvio Pellico

A NANCY PORRO CATTANEO

[Torino, 26 dicembre 1840][79]

Ill. [ma] Sig. Contessa

Senza esprimerle prima del Natale i miei buoni augurj, le ho desiderate felicissime le sante feste, come ora fo sinceri voti perch'Ella e tutti i suoi cari abbiano ogni bene per tutta la vita, e massimamente la grazia di Dio.

Io sperava d'avere alfine la consolazione di abbracciare il suo sig. Padre, ma odo dalla contessa di Masino ch'egli non ha ottenuto il passaporto qual egli bramava, e che invece di recarsi nel mezzodì della Francia, andrà a Roma. Voglio scrivergli, ma non so s'ei sia tuttora a Milano, o se già sia partito.

M'onori, sig.[a] Contessa, delle sue nuove. Rimane ella a Confienza quest'inverno, o ne passerà una parte a Milano. Non eseguirà ella mai il progetto di venire un poco a Torino? Quanto esulterei di rivederla e di far conoscenza delle sue amabili creaturine!

Dacché non le ho scritto, la mia salute ha provato i soliti alti e bassi. Ogni raffreddore diventa cosa seria e m'impaccia il respiro. Poi riprendo vita, poi ricado; e frattanto il Signore mi va conservando affinch'io profitti della sua grande misericordia. Preghi talvolta per me, sig.[a] Contessa, a quest'oggetto.

I miei ossequi al sig. Conte Cattaneo. Piacciale altresì di riverirmi il gent. [mo] sig. Prevosto.

Ho l'onore d'essere con particolarissima venerazione.

Di Lei, ottima Contessa.

Umili. [mo] e Dev. [mo] servo

(PELLICO, *Lettere inedite a Carlo Muletti*, cit. , p. 11)

[79] Autografo nella Biblioteca Civica Centrale di Torino (Fondo denominato provvisoriamente Nuovi Acquisti, mazzo 2, fascicolo 12). Inedita.
Una riproduzione fotografica parziale della lettera è stata pubblicata in:http://www.comune.torino.it/cultura/biblioteche/iniziative_mostre/mostre/giulia/giulia_di_barolo_tavola_10.html

Torino, 26 dic. 40

Lo storico saluzzese Carlo Muletti.

A CARLO MULETTI

[Torino, 29 dicembre 1840][80]

Carissimo Carlo.
Oh quanto la tua lettera m'ha recato piacere! essa è tutta piena del tuo cuore gentile ed amorevole. Vedi com'io era sciocco! Temeva d'averti cagionato un disturbo che troppo ti pesasse; diceva tra me - "Il caro Muletti mi troverà indiscreto d'aver raccomandato a lui,

---

[80] *Al Chiarissimo / Sig. avv. Carlo Muletti / Storico di Saluzzo / Saluzzo per Verzuolo*
Autografo nella Biblioteca Civica "A. Sacharov" di Saluzzo. Inedita.

abitante in Verzuolo, il giovane Marchetti venuto a Saluzzo" E questo pensiero mi dava pena, ad onta ch'io conoscessi la tua amabilissima cordialità. Ma tu sei tanto buono che invece d'alzar le spalle brontolando, ti sei rallegrato d'avere un'occasione di farmi piacere, e lesto les[to][81] eccoti a Saluzzo, eccoti in cerca del fortunato straniero, eccolo da te presentato ad amici tuoi, eccolo benignamente accolto, ecc.

Che potevasi desiderare di più da lui, da me, dall'ottimo prevosto di Chiari? Ti sieno dunque mille grazie e per tutto ciò, e per la tua accoglienza al Marchetti, quando sì gentilmente lo tenesti ospite un'intiera giornata. Godo per lui, e gli porto dolce invidia. Viva il cuore de' Saluzzesi, e segnatamente il tuo! Piacciati d'esprimere la mia gratitudine a que' tuoi degni amici. Mi avete tutti obbligato assai assai. - Ogni volta che a te penso, mio caro Muletti, vorrei che la fortuna t'arridesse in mille gui[se], ma poiché non in tutto t'arride, almeno esulto delle tue gioje domestiche. La tua famiglia è delle più benedette, giacché sie[te] tutti buoni, schietti, e caldamente affezionati tra voi. Che bel gruppo.

Vedo te, la tua sig. moglie, i figli e quel piccolo Silvio che for[merà] la vostra consolazione, anch'egli sarà ottimo, forte, ingegnoso. Possa tu vivere lungamente e vederlo fra i migliori e più felici Saluzzesi che fioriranno quand'ei sarà adulto!

I miei rispetti alla tua degnissima moglie, ed un amplesso cordialissimo non solo al bimbo, ma al padre ed alla madre. V'auguro a tutti ogni bene. - Addio. Fra pochi giorni avrò dunque la sorte di riabbracciarti. Il Maggiore m'avea parlato del tuo viaggio; fo plauso alla tua risoluzione. Se la mia salute non fosse l'opposto della tua, e non mi costringesse a vegetare quasi immobile, davvero che ti seguirei.

Sono con tutta l'anima il tuo aff. [mo] amico

Silvio Pellico

Torino, 29 dic. 40

A GIULIO PORRO

[Torino, 7 giugno 1841][82]

---

[81] La lettera è danneggiata su un fianco e il finale di alcune parole è andato perduto.

Mio caro Giulio

La Masino[83] mi scrive da Villanova che tuo padre è stato ammalato, ma non ne ha nuove recenti. Questo m'inquieta, e vorrei essere certo ch'ei sia fuori dal letto e che il male non sia stato grave. Piacciati, mio buon Giulio, di scrivermi due righe. Il tempo non ha né scancellato, né diminuito il mio affetto particolarissimo per voi. Dillo a tuo padre ed abbraccialo per me. Tante cose parimente ai fratelli.

La mia salute è sempre misera.

Addio. Spero che i tuoi caratteri mi recheranno le buone notizie che bramo del tuo ottimo padre.

il tuo Silvio Pellico

Torino, 7 giugno 41

A PIETRO DE ROSSI DI SANTAROSA

[Torino, 19 settembre 1841][84]

Carissimo Pietro.

Il tuo piego è presso Balbo;[85] hai fatto bene a dirigerlo a me, hai fatto bene a scrivermi. Ogni tua lettera m'è dolce. E v'è anche dolcezza nel prendere qualche parte all'afflizione d'un amico, intendo l'afflizione per la perdita di quella povera sorella, non ostante l'aver pur troppo dovuto capire che per essa, con tanto suo patire, la morte era omai il solo rimedio. Consoliamoci nel pensare ch'era adorna di virtù e di pietà, e che un Padre qual è Dio, nel trarla da questo misero mondo, l'ha certo grandemente compensata de' mali sofferti. Preghiamo per lei. Godo che fra le crudeli tue pene nell'ultima sua

---

[82] *Al nobile uomo / D. Giulio Porro / Milano*
Autografo nella Biblioteca Civica Centrale di Torino (Raccolta Henry Prior, mazzo 41, fascicolo 4, sottofascicolo 20/8,). Inedita.
[83] La contessa Ottavia Masino di Mombello, cugina del conte Luigi Porro.
[84]*Al Nobile Uomo / il sig. Cav. Pietro di Santarosa / Savigliano*
Autografo nell'Archivio dell'Istituto per la storia del risorgimento italiano di Roma (Busta 550, inserto 57). Inedita.
[85] Il conte torinese Cesare Balbo

malattia, tu abbia avuto il conforto di vederla in pace con te. In que' supremi istanti l'anima non ha più illusioni; essa ha letto nell'anima tua, che è sempre stata di buon fratello; essa t'ha reso giustizia; essa ti proteggerà presso il Signore e ti otterrà premio degl'infiniti crucci che la sua infelicissima sorte ti cagionò. Coraggio mio caro.
A tutte simili separazioni si piange, e poi si trova qualche sollievo nel conformarsi al divino volere. Ma più che in altri casi, v'è motivo d'acquietarsi nel caso tuo, stante l'inaudito cumulo de' mali che tua sorella pativa, e la santa morte che ne l'ha liberata. - Coraggio. - Abbi cura della tua salute. - La marchesa ti dice mille cose amichevoli e prende parte al tuo dolore. Porgi i complimenti di lei all'ottima Contessa, ed uniscivi i miei distinti ossequi. - Addio. - Quando Balbo avrà letto il tuo manoscritto, lo ritirerò per restituirtelo allorché sarai a Torino. - T'abbraccio di tutto cuore e sono il tuo

Silvio Pellico

19 sett. 41

A FELICE VASSALLO

[Torino, 12 aprile 1843][86]

Ill. ᵐᵒ Sig. Canonico
Il prof. Teol. Ighina[87] ha scritto alla sig. ᵃ Marchesa di Barolo[88] pregandola d'accettare o al Rifugio, o alle Forzate, due giovani disgraziate, e soggiunge che la risposta è da farsi a V.S. Ill. ᵐᵃ andando egli fuori di Mondovì per alcuni giorni.
La sig. ᵃ Marchesa m'incarica dunque di far noto a Lei, Sig. Can. ᵒ non esservi posto nel Rifugio, ma poter quelle due giovani venir messe frattanto alle Forzate, luogo d'aspettativa, donde poi

---

[86] [86] *All'Ill. ᵐᵒ Sig. Pron. Col· ᵐᵒ / il Sig. Canonico Felice Vassallo / Mondovì*
Autografo nell'Archivio Contemporaneo "Alessandro Bonsanti", Gabinetto G. P. Vieusseux, Firenze, Fondo Roatta. Inedita.
[87] Il teologo Andrea Ighina.
[88] La marchesa Giulia Falletti di Barolo si occupava del recupero delle carcerate e aveva fondato alcune istituzioni caritative destinate a questo scopo.

passeranno al Rifugio.

Ho l'onore d'essere con tutto il rispetto

Di Lei, Ill. ^{mo} Sig. Canonico

Umil. ^{mo} Obbed. ^{mo} servo

Silvio Pellico

Torino, 12 apr. 1843

Al ritorno del prof. Ighina, la prego di fargli i miei cordiali saluti.

A GIOVANNI DELLA BIANCHINA

[Torino, 12 maggio 1843][89]

Ill. ^{mo} e Rev. ^{mo} Sig.

Le Rev. de Suore di S. Anna hanno ricevuto la lettera di V. R. e hanno dimandato alla sig. a Marchesa di Barolo, fondatrice del loro Istituto, che cosa dovessero alla R. V. rispondere, circa la giovane Luganese di cui loro scrive. - La sig. a Marchesa ha dato a me l'incarico di tal risposta, ed eccole Rev. ^{mo} Padre, ciò che debbo dirle.

Le Suore di S. Anna non sono, com'Ella suppone, di quelle di S. Vincenzo, ma sono un Istituto di genere poco diverso fondato pochi anni sono dalla Marchesa stessa con approvazione dell'Arcivescovo di Torino. Si applicano ad ogni carità, ma particolarmente all'istruzione.

Non è possibile permettere d'accettare una giovane lontana, ogni figlia aspirante dee venire a farsi vedere.

Dal contesto della lettera di V. R. si scorge che la figlia di cui si tratta, pensa a farsi Suora della Carità; in questo caso bisogna che si compiaccia di scriver su ciò al Rev. ^{mo} Sig. Durando, il quale è Superiore dei Missionarj e delle Suore della Carità in Torino.

Ho l'onore d'essere con tutto il rispetto

---

[89] *Al Molto reverendo Sig. / il P. Giovanni della Bianchina / Oblato di S. Carlo, Prof. di Sacra Eloquenza / Vercelli Collegio di S. Andrea*

Autografo nella Biblioteca Comunale Labronica "F. D. Guerrazzi" di Livorno (Autografoteca Bastogi). Inedita.

Di V. R. veneratiss. [a]
umil. [mo] obbed. [mo] servo
Silvio Pellico
Torino, 12 maggio 1843

A PIETRO GIURIA

[Torino, 14 giugno 1843][90]

Carissimo Giuria

Ti rimando la cartolina firmata. – La mia salute val poco, né finora
ha guadagnato nulla dal respirare aria di campagna. Se andrà meglio
col caldo, vedremo; io non m'illudo, e so che una delle più inutili
smanie è quella che tanti hanno di voler sempre medicarsi,
rinforzarsi, guarire, ringiovanire. Partito più semplice e più giusto, è
usar tranquillamente qualche attenzione al proprio bisogno, e poi
rassegnarsi a patire que' mali che sono inevitabili. – Spiacemi che si
abbia voluto rappresentare la bella, ma non rappresentabile tragedia
di Adelchi, e spiacemi la vile irriverenza del pubblico. – Approvo
quel sistema di mezzo che tu accenni; il difficile sta nel discernerlo
con acume, indovinando in ciascuna applicazione i desiderj del
pubblico nostro e la maestria dell'arte; accordo misterioso che ogni
autore spera distinguere con sicurezza, e poi s'inciampa. Ho fiducia
che se tenti l'aringo, riuscirai. Animo dunque! ti prova il tuo ingegno
ha non comune potenza. Le difficoltà sono grandi, ma puoi meglio di
molti altri superarle. Il romanzo di Fea è delicatissimo,[91] e merita
onore. Chi scrive così ha un'anima gentile e dimostra capacità
notevole.

T'abbraccio e sono il tuo aff. [mo]

---

[90] *Al Nobile Uomo / il Sig. Cav. Pietro Giuria / Torino*
Autografo nel Museo del Burcardo:
http://www.burcardo.org/museo/pellico.asp
Pubblicata in P. GIURIA, *Silvio Pellico e il suo tempo*, Voghera, 1854.
[91] Il libro a cui si riferisce Pellico dovrebbe essere il romanzo breve
Giuliano pubblicato a Torino nel 1843 dall'editrice Canfari.

56

14 giugno 1843

Il conte torinese Cesare Balbo
(da wikimedia commons)

A CESARE BALBO

[Torino, 15 giugno 1843][92]

Eccole, caro sig. Conte, le quattro parole autografe. Sto occupato nella lettura delle sue nuove Meditazioni storiche[93] veramente piene di scienza. Non ostante la mia incapacità in simili studj, leggo con amore, perché v'è pensiero e dicitura da maestro. La sig.ª Marchesa dice loro tante cose.
I miei rispetti, la prego, alla sig.ª Contessa.

Silvio Pellico

---

[92] *Al Nobile Uomo / Il sig. Conte Cesare Balbo*
Autografo nell'Archivio dell'Istituto per la storia del risorgimento italiano di Roma (Busta 550, inserto 58) Inedita.
[93] C. BALBO, *Meditazioni storiche*, Torino, Pomba, 1842

15 giugno 1843

Sospiro quel giorno

A LUIGIA BALBO

[Torino, 10 luglio 1843][94]

Ill. ᵐᵃ Sig. ᵃ Contessa
Mi fo premura d'obbedire al suo gentilissimo comando e vorrei avere occasioni meno lievi di provarle la mia servitù. La sig.ᵃ Marchesa di Barolo ha cessato la sua villeggiatura sabato, per ripigliarla poi verso settembre. M'incarica di dir tante cose a Lei, sig. ᵃ Contessa, e a tutti loro. La prego de' miei saluti al sig. Conte ed al resto della loro amabile e bella famiglia.
Coi più profondi sentimenti di stima e considerazione ho l'onore d'essere

Di Lei, ottima sig.ᵃ Contessa
Umil. ᵐᵒ e Obbed. ᵐᵒ servitore
Silvio Pellico

Torino, 10 luglio 43

In allegato a questa lettera si trova una poesia inedita di Silvio Pellico, dedicata alla contessa Luigia Balbo, di cui riporto la trascrizione:

Alla Signora Contessa

Luigia Balbo nata Nagione.

Mirabile è veder come Luisa

Sui vaghi figli cui sacrar si volle

Tien la pupilla dolcemente fisa,

---

[94] Autografo nella Biblioteca Comunale Queriniana di Brescia. (Autografi 119). Inedita.

58

Bramando ch'ogni grazia in lor rampolle!

Fra ciascun d'essi l'alma sua è divisa,

Dei pregi di ciascun lieta s'estolle.

Da lei nati non son, ma ben si chiama

Madre di lor: teneramente li ama.

Il Santo suo, de' pargoletti il Santo,

Così di questa pia dirige il core;

E perch'ella è amorevole cotanto,

Egli in loro per essa infonde amore.

Cresciuti di bontà nel dolce incanto

A lei saran delizia e al Genitore.

Esulta, o Donna, e questi augurii accetta,

E sempre sii dal Cielo benedetta!

A CESARE CAMPORI

[Torino, 14 agosto 1843][95]

---

[95] Autografo nella Biblioteca Nazionale Centrale di Firenze (Raccolta Gonnelli, cassetta 31).
Pubblicata in PELLICO, *Epistolario*, cit., p. 322.
Una nota in fondo alla lettera di mano diversa da quella del Pellico ci informa che la lettera è stata pubblicata nell'edizione pellichiana dell'epistolario del 1856 al numero 253 e che i versi che la accompagnavano sono stati pubblicati in un'edizione delle opere complete del Pellico stampata a Milano nel 1886. Il problema è che i versi che accompagnano la lettera sono scritti con una grafia diversa da quella del Pellico, forse l'originale era andato perduto e al momento della catalogazione della lettera sono stati rintracciati da una versione a stampa e riportati in calce alla lettera. Non trattandosi però di un originale di mano del Pellico ho preferito non inserirli.

Gentiliss. ^{mo} Sig. Marchese
Eccole i versi ch'Ella desidera per la sua sig. ra cugina; io non mi
sento troppo atto a simili cose, e nonostante il mio buon volere, ho
saputo dir poco. Gradisca l'intento d'obbedirle, e perdoni.
Le rimando le sue sette scene che assai promettono. Coraggio
dunque, ma badi a tenere una bella tela, a svolgere fatti che
commovono.
Mi riverisca il suo sig. fratello Giuseppe. Le poesie inedite del
Tassoni hanno assai pregio ed è stato felice pensiero il pubblicarle.
Ho l'onore d'essere con particolarissima stima, caro sig. Marchese.

Suo dev. ^{mo} servitore
Silvio Pellico

14 agosto 43

A LEONARDO FEA

[Vigna Barolo, 18 ottobre 1843][96]

Stimat. mo sig. Fea
Da tre settimane non ho più potuto fare una gita a Torino, tanto sono
assalito da oppressione di petto. Duolmi di non essermi costà trovato
al passaggio di M. Borrelly, che avrei veduto volentieri. Mille grazie
a Lei, caro Fea, dell'invio che si compiace di farmi.
Briano sarà di ritorno. Me lo saluti tanto e porga i miei rispetti alla
buona Mad. Briano.
Sono con particolarissima stima

Suo dev. mo Silvio Pellico

Vigna Barolo, 18 ott. 43

---

[96] Autografo rintracciato sul mercato antiquario. Una riproduzione
fotografica è disponibile al seguente link:
http://www.coretech.cc/CT3/clients/bolaffi/index.php?page=lotShow
:lotid=80824
Leonardo Fea aveva inviato a Pellico probabilmente il suo romanzo
come si può dedurre da una lettera dello stesso periodo del Pellico a
Giorgio Briano in cui si esprime un giudizio positivo sul libro di Fea.

A LUIGI PORRO

[Torino, 1° novembre 1843][97]

Carissimo Porro,
Va un poco meglio, ma poco poco., tuttavia l'incomodo [appare essere] tollerabile. M'alzo e, quando il tempo lo permette, esco di casa un momento, così cerco di non perdere le forze affatto. Non ho più veduto Briano, lo saluterò. Frattanto ho preso informazione sull'andare da Torino a Nizza per Oreglia. La Posta va sino a Ceva e sono poste 14 $^{1/4}$. Da Ceva ad Oreglia il servizio di posta manca per la lunghezza di poste 11, ma vi può andare in una giornata dando un po' di riposo ai cavalli. Da Oreglia a Nizza v'è di nuovo la posta e sono poste 13 ¼.
M'affretto a spedirti questo ragguaglio, e con doppio piacere uno perché apprezzo la vostra brama, l'altro perché trattasi della duchessa Visconti della quale rammemoro la bontà e alla quali piacciavi di ricordare il mio ossequio.
Salutatemi i cari figli e i nostri buoni amici. Mi consola quanto mi dite di Giacomo.[98] Amatemi tutti e voi in particolare credetemi vostro aff. mo amico, sempre ricordante i dolci anni che abbiamo insieme vissuti.

Silvio Pellico

Torino, 1° nov. 43

A GIORGIO BRIANO

[Torino, 19 dicembre 1843][99]

---

[97] Autografo rintracciato sul mercato antiquario. Una riproduzione fotografica è disponibile al seguente link:
http://www.liveauctioneers.com/item/1914578
Inedita.
[98] Giacomo era uno dei due bambini di cui Pellico era stato precettore prima dell'arresto.
[99] Autografo rintracciato sul mercato antiquario, una riproduzione fotografica è consultabile in:

Caro Briano

Sono contento, contentissimo della tua terza parte del Colombo, e parmi che il buon esito non possa mancare. Dovresti far recitare di seguito le tre parti in tre sere; a mio credere, le bellezze di ciascun dramma e del tutto sarebbero meglio sentite. In questa ultima parte, ogni atto è di felice invenzione, l'interesse anche, ed il fine è commoventissimo. Mi congratulo del valore tuo, ti auguro infiniti applausi e sono il tuo aff. mo

Silvio Pellico

Martedì, 19 dic. 43

AD ANDREA IGHINA

Torino, 29 dic. 1843[100]

Chiar. mo Sig. Prof.

---

http://roma.bloomsburyauctions.com/detail/ROMA-77/287.0

La lettera è costituita da un solo foglio e non presenta né timbro postale né indirizzo del destinatario per cui vivendo sia Pellico sia Briano a Torino è probabile che sia stata consegnata a mano.

Non comprendo perché Giorgio Briano non l'abbia pubblicata nel 1861 nel libro in cui ha raccolto le lettere indirizzate a lui dal Pellico, posso capire che abbia voluto escludere la lettera del 1835, riprodotta in questa edizione, che mostra un Pellico malinconico addolorato da preoccupazioni familiari e polemiche letterarie in cui era stato suo malgrado coinvolto, una lettera quella del 1835 che ci mostra dunque un Pellico meno rassegnato e pacificato rispetto alla propria sorte di come i contemporanei lo descrivevano, ma questa è una lettera semplice, lineare e anche fiduciosa nelle capacità dello stesso Briano, ma anche nelle possibilità della tragedia contemporanea in cui lo stesso Pellico si era impegnato in prima persona fino a pochi anni prima. Forse Briano l'ha voluta escludere semplicemente perché l'elogio dell'amico a distanza di anni gli è sembrato troppo generoso e quindi inadatto alla pubblicazione in un libro

[100] *Al Chiarissimo Sig. / D. Andrea Ighina Teologo / Professore di Sacra Letteratura e Storia / Mondovì.*

Autografo nella Biblioteca Nazionale Centrale di Firenze (Fondo Carteggi Vari, Cassetta 442).

La sig. ª Marchesa Le è riconoscente de' gentili augurii e glieli ricambia. Dice che spera che la giovane di cui V.S. le scrive potrà accettarsi, ma è d'uopo vederla, importando conoscere dall'aspetto e dal contegno se vi sieno verisimiglianze di riuscita.

Io pure, caro Professore, le sono grato di conservarmi un po' d'amicizia e di pregare per me. Le auguro anch'io di tutto cuore, salute, consolazioni, e grazie senza fine, compresa la grazia di poter portare senza troppe difficoltà il grave peso addossatosi, e di trovarvi sufficienti dolcezze. Oltre il merito scientifico, un buon Professore ha quello dell'Apostolato sulla gioventù ch'egli guida ed infiamma alla conoscenza del vero e del santo. Coraggio dunque!

La sig. Marchesa prega V.S. di metterla a' piedi di Monsignore perché la benedica, e io fo umilmente la stessa dimanda. Cercherò que' libretti francesi sulla conversione di Ratibonne. La sig. Marchesa li aveva, ma datili in prestito di qua e di là, hanno finito per andare smarriti.

L'abbraccio, caro Professore, e sono suo affez. mo

Silvio Pellico

A PAOLINA TANARI

[Vigna Barolo, 4 luglio 1844][101]

Ill. ma Sig. ª Marchesa

Domenica mattina il sig. Colombo è venuto alla villa Barolo portatore di una gentil. ma di Lei lettera. Le mando, Sig. Marchesa, i due versi ch'Ella mi chiede per la sua sig. ª figlia, e La Ringrazio della memoria indulgente ch'Ella di me conserva. Abbia la bontà di continuare ad avermi presente nelle sue orazioni; ho bisogno d'ajuto, patisco assai de' miei soliti mali, invecchio, m'avvicino al termine, e son povero di virtù. M'ottenga dal Signore tutta la virtù che ci vuole per patire con qualche merito e trovar misericordia. Chiedo le stesse caritatevoli orazioni alla sua Sig. Suocera, a cui la prego di porgere i miei ossequi. Auguro loro ogni consolazione e prosperità e mi

---

[101] *Alla Nobil Donna / la sig. Marchesa Paolina Tanari / V. a Bellanti / Firenze*
Autografo nella Biblioteca Nazionale Centrale di Firenze (Raccolta Tordi, Cassetta 516). Inedita.

congratulo con Lei, Signora, della dolcezza che dee recarle il ritorno in casa, ch'ella avrà tanto sospirato, della sua Giulia, fatta grande e tutta adorna di pregi.

Mi ricordi all'amica nostra sig. ^a Quirina[102] la cui benevolenza m'è carissima. Con tutta stima e venerazione mi pregio d'essere

Di Lei, Marchesa gent. ^{ma}
Umil. ^{mo} obbed. ^{mo} servitore
Silvio Pellico

4 luglio 1844

[DESTINATARIO NON IDENTIFICATO]

[Torino, 1° agosto 1844][103]

Molto Rev. Padre

Perdoni il soverchio ritardo: io vivo tra infermità che spesso m'obbligano a non parlare, né leggere, né scrivere. Mi giunse il Discorso favoritomi in dono da V. R. mentre mi tenevano dolori di petto. Allorché potei leggerlo, ne sentii con piacere tutto il bello; or mi fo debito di ringraziarla, siccome altresì Le rendo grazie delle gentili espressioni ch'Ella mi volge nella sua lettera.

V.   R. ha l'umiltà di chiedermi qualche critica. Davvero non saprei comporne alcuna sovra un Discorso che parmi lodevolissimo. Ho l'onore d'essere con gratitudine e venerazione.

Di V. R. chiar. ^{ma}
Dev. ^{mo} obbed. ^{mo} servo
Silvio Pellico

Torino, 1° ag. 1844

---

[102] Quirina Mocenni Magiotti.
[103] Autografo nell'Archivio dell'Istituto per la storia del risorgimento italiano di Roma (Busta 114, inserto 47). Inedita.

Un ritratto di Giulio Porro (1811-1885)
tratto da un sito che contiene le biografie di tutti i corrispondenti
del Mommsen. Porro era, infatti, uno studioso di storia antica
ed è noto per aver catalogato tutti i manoscritti della
Biblioteca Trivulziana di Milano.[104]

A GIULIO PORRO

[Vigna Barolo, 3 ottobre 1844][105]

Mio caro Giulio.
E' venuto a trovarmi in villa il conte di Kergolay, e vedendolo
apportatore d'una tua buona lettera l'ho ricevuto non solo con tutta
l'onoranza dovuta ad uomo gentile, ma col piacere che provo quando
alcuno mi reca nuove di te, di voi che amo. E davvero tuo padre e

---

[104] http://www.mommsenlettere.org/Person/Details/427
[105] *Al Nobile Uomo / D. Giulio Porro / Milano*
Autografo nell'Archivio dell'Istituto per la storia del risorgimento
italiano di Roma (Busta 267, inserto 27). Inedita.

voi, figliuoli, mi siete costantemente presenti fra le più care memorie ch'io m'abbia, e godo che non mi poniate in dimenticanza. Tu devi perdonarmi il lungo silenzio e continuare ad amarmi. Non hai idea delle infermità che patisco; e con sì perpetuo star male si scrive poco a tutti, perché si vive necessariamente vita poco eccitata da varietà. Per altro le lettere de' miei veri amici come sei tu, mi giungono sempre grate, e rispondo con amore, o se non rispondo è segno che sono in giorni di maggiore patimento e che non posso. Almeno voglio che sappiate, miei carissimi, che vi sono obbligato quando mi date le vostre nuove. Quelle che sono felici mi consolano, e quelle dolorose amo saperle per condividere le vostre afflizioni. M'immagino tutto il materno cordoglio della tua ottima sorella e prego Dio di darle forza e rassegnazione. Diglielo e porgile i miei sinceri ossequi.

Prendo parte alle inquietudini che v'ha date la salute di tua cognata, e fo voti perché migliori e ne segua un parto felicissimo. Ti domando in grazia di scrivermi allorché si sarà sgravata. Sono ansioso d'udire che tutto sia andato bene. Pregala di conservarmi quella benevolenza che con tanta amichevole bontà m'ha dimostrata.

Le notizie del nostro povero Confalonieri, datemi da M. de Kergolay mi affliggono assai. Tu mi dici per altro ch'egli ha avuto qualche miglioramento. Voglia il Cielo che questo s'accresca! Mi pare che il pensiero d'andare a Parigi sia troppo difficilmente eseguibile, e la stagione sarebbe svantaggiosa. Meglio sarebbe, potendo, che si trasportasse al più presto in climi caldi, e si va in così pochi giorni a Napoli o a Palermo! - Son davvero in grandissima pena.

Io sperava la venuta di Borsieri; la malattia d'una sua sorella ha guasto il progetto. Or non so che ne sia. Digli tante cose per me.

Addio, Giulio diletto. Abbraccio di tutto cuore te, tuo Padre, i fratelli, e sono il tuo

Silvio Pellico

3 ott. 44

A GIOVANNI RENIER

[Torino, 24 febbraio 1845][106]

[106] Autografo nella Biblioteca Comunale Labronica "F. D. Guerrazzi" di Livorno (Autografoteca Bastogi). Inedita

Reverendissimo Signore e Padron mio carissimo
Frattanto ch'io abbia il bene di ringraziarla a voce, mi permetta
d'accennarle il piacere recatomi dal suo gentilissimo dono di que'
suoi tre preziosi scritti. Li ho letti con gusto, e quando si leggono
cose belle, cresce l'amore per l'autore. Quanto affetto e quanti
pensieri d'anima buona e santa, sì nell'epistola, sì nelle due orazioni!
Le stringo e bacio la mano con tenerezza e con plauso, e mi pregio
d'essere con profondo ossequio
Di Lei, Reverend. ^{mo} Sig. ^{e}

Umili. ^{mo} obblig. ^{mo} servo
Silvio Pellico

24 febbr. 45

[DESTINATARIO NON IDENTIFICATO]

[Torino, 12 aprile 1845][107]

Eccellenza
Il nostro ottimo Bertolotti[108] ha detto all'E.V. ciò che potea dirvi di
più giusto relativamente al sig. Luigi Velasco, né io dovrei
aggiungere nulla. Mi perdoni tuttavia se non resisto alla brama di
dare anch'io un sincero attestato sulle virtù di questa degna persona
che stimo ed amo. A uomini come V. E. si possono fare tali

107 Autografo nella Biblioteca universitaria di Genova:
http://www.bibliotecauniversitaria.ge.it/opencms/opencms/it/catalog
hi/profili_risor/pellico.html
Inedita.
108 Bertolotti è lo scrittore David Bertolotti che risulta tra i
corrispondenti di Pellico nell'edizione dell'epistolario del 1856:
Epistolario - Pagina 295

> books.google.itSilvio Pellico, Guglielmo Stefani, Silvio
> Pellico - 1856 - 475 pagine - Consultazione completa
> A David Bertolotti. 31 agosto 184*. Carissimo amico. Il
> gentilissimo signor Velasco è stato ieri apportatore di due
> stupendi esemplari del tuo poema, presentandone per parte
> tua uno alla signora marchesa di Barolo, e l'altro a me.
> Altre edizioni

raccomandazioni, e godo d'avere un incontro (e) di rinnovarle gli atti del particolarissimo ossequio con cui ho l'onore di essere Di lei. Ecc. mo Sig. Barone

Umil. mo Obbed. mo servitore Silvio Pellico

12 apr. 45

A SILVIO GIANNINI

Roma, 8 febbr. 1846[109]

Stimat. ᵐᵒ Sig. Giannini.

Le sono sommamente grato della sua gentilezza, ma non posso accettare l'invio ch'Ella si compiace d'offerirmi del Bollettino Bibliografico. Varii speciali studii e doveri mi prendono tutto quanto il tempo, e non ho modo d'occuparmi d'altro, bench'io lodi tutte le buone imprese letterarie e librarie. Il suo Bollettino bibl. º è fatto bene e spero verrà apprezzato da molti, il che pure auguro di codesto Emporio che la S. V. è così atta a dirigere.

Circa il suo desiderio d'aver costà un deposito di Copie dell'opera di mio fratello,[110] non v'è da fare altro che scrivere di ciò al Rev. P. Bresciani[111] Provinciale a Torino, dal quale intenderà se abbiano esemplari da inviare all'Emporio. Io non lo so, e non ho alcuna parte a quanto riguarda quella pubblicazione, la quale bensì mi contenta assai. Le ragioni prodotte da mio fratello a difesa della Compagnia di Gesù sono semplici e vere, e godo ch'ei le abbia sostenute con maniera pacata e di buon gusto, siccome sempre dovrebbe avvenire fra galantuomini.[112]

---

[109] *Al Preg. ᵐᵒ Sig. / il Sig. Silvio Giannini / Direttore dell'Emporio Librario / Livorno*
Autografo nell'Archivio dell'Istituto per la storia del risorgimento italiano di Roma (Busta 539, inserto 37). Inedita.
[110] Il padre gesuita Francesco Pellico, fratello minore di Silvio.
[111] Il padre gesuita Antonio Bresciani, autore di alcuni romanzi storici e di un'opera, intitolata "Del romanticismo italiano" espressione delle sue idee conservatrici in politica e in letteratura.

I miei rispetti al Rev. P. Melloni.
Mi pregio d'essere con tutta stima
Suo obblig. ^{mo} dev. ^{mo} servitore
Silvio Pellico

A STEFANO MAURIZIO VIVALDA

[Roma, 3 aprile 1846][113]

Molto Rev. Padre Vivalda gent. ^{mo}
Or le mie infermità or diverse combinazioni m'hanno tolto il piacere
di recarmi a riverirla. Era anche mio debito di ringraziarla della
lettura procuratami del qui unito libro pregevolissimo ch'io Le
restituisco. Tutte le opere del P. Theiner sono degne di lui, e questa
del Seminario Ecclesiastico[114] basterebbe ad ispirare somma stima
per l'Autore. Abbia la bontà di attestargli la mia venerazione e fargli
gradire i miei umili ossequi.
Pregandola altresì de' miei doveri al P. Ribaudengo, ho l'onore
d'essere
Di lei,

Umil. ^{mo} Obblig. ^{mo} servo
Silvio Pellico
3 aprile 46

AD ANTONIO COPPI

[Torino, 27 maggio 1846][115]

---

[112] Silvio si riferisce al libro del fratello Francesco pubblicato nel
1845 in cui difendeva l'ordine dei Gesuiti dalle accuse mosse da
Vincenzo Gioberti nei Prolegomeni al suo Primato.
[113] Autografo nell'Archivio dell'Istituto per la storia del risorgimento
italiano di Roma (Busta 106, inserto 86). Inedita.
[114] A. THEINER, *Il Seminario ecclesiastico*, Roma, Collegio Urbano,
1834
[115]*All'Ill. ^{mo} Sig. / il Sig. Ab. Coppi / Albergo di Londra / n.47*
Autografo nell'Archivio dell'Istituto per la storia del risorgimento
italiano di Roma (Busta 7, inserto 23). Inedita.

Il gent. ^{mo} Sig. Ab. Coppi è pregato di volersi incaricare dell'unita lettera per S.E. il sig. Conte Broglia.

La sig.ª Marchesa di Barolo gli augura buon viaggio e gli esprime il suo rincrescimento ch'egli abbia fatto così breve soggiorno fra noi. Idem di tutto cuore dal suo suo div. ^{mo} servo

Silvio Pellico

27 maggio 46

A CARLO MULETTI

[Torino, 12 settembre 1846][116]

Carissimo Carlo.

Erami giunta soltanto incerta, ma pure con grave mio timore, l'orribile notizia, per cui tanto ora ti compiango! Uno de' segretari della Marchesa di Barolo, il sig. Velasco, avevami detto essere mancato in vita un ingegnere Muletti, giovine di sua conoscenza, amato e stimato da tutti quelli che lo vedevano.[117] All'udire un sì caro nome, un gelo mi strinse il cuore, chiesi particolare contezza, ma non mi seppero dire s'ei fosse di Saluzzo, ma pur troppo io presentiva questa crudele sventura. Andai a Chieri, feci altre cose, e mi rimaneva questa spina nell'anima. Avrei voluto scrivere a tuo fratello, a te; non mi potea risolvere a prendere lume da voi sopra un evento così miserando. Iersera fui di ritorno a Torino. Questa mane il desolatissimo tuo fratello venne a salutarmi, e da lui intesi confermarmisi il lagrimevole annunzio. Parlammo del diletto giovine involato sì acerbamente ai vostri poveri cuori inconsolabili; parlammo di te, della Madre, di tutto il vostro immenso dolore! Oh davvero infelici! Empissimo cento carte di ragionamenti filosofici, sulla obbligazione di sostenere con forza d'animo i colpi della sventura, non se ne trarrebbe verun conforto. la filosofia è fredda, è sterile; non vi è che la religione che possa alquanto addolcire i dolori sommi. Uniamoci a pregare per quella anima cara, e tuttavia speriamo che già sia in possesso della vera vita donde otterrà a noi

---

[116] *Al Chiarissimo Sig./ il Sig. Carlo Muletti Saluzzo*
Autografo nella Biblioteca Civica "A. Sacharov" di Saluzzo. Inedita.
[117] Erminio Muletti, figlio di Carlo, morto nel settembre del 1846.
(PELLICO, *Lettere inedite a Carlo Muletti*, cit. , p. 12)

que' soccorsi che ci abbisognano.- Dopo i pensieri religiosi, conviene anche ricorrere a distrazioni. Non trascurare questo rimedio così necessario quando le angosce ci premono. Procacciate di divagarvi un poco, a fine di non ammalarvi. Ho fiducia nella tua vigorosa matura e nel tuo senno. Chiedo al Cielo che parimenti dia forza e salute all'egregia tua Moglie. - Presentale i miei ossequi e dille quanto condivido profondamente il dolor suo. Assicura anche il resto della tua famiglia de' miei sentimenti di partecipazione fraterna e d'amicizia inalterabile.

Sono col cuore pieno di mestizia, di pietà e d'affetto l'amico tuo

Silvio Pellico

12 sett. 46

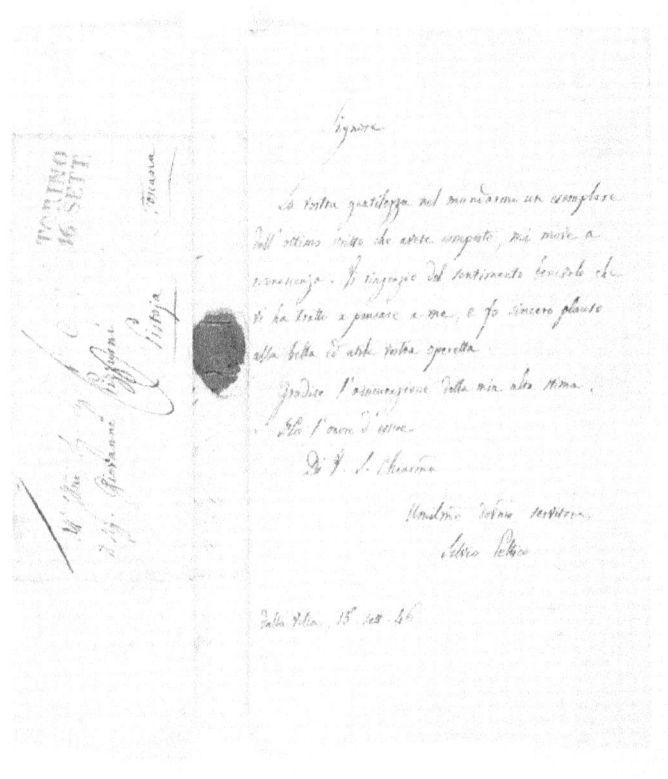

A GIOVANNI PIZZURNI

[Villa Pallavicini presso Moncalieri, 15 settembre 1846][118]

Signore,
La vostra gentilezza nel mandarmi un esemplare dell'ottimo scritto
che avete composto mi move a riconoscenza. Vi ringrazio del
sentimento benevolo che vi ha tratto a pensare a me e fo sincero
plauso alla bella e utile vostra operetta.
Gradite l'assicurazione della mia alta stima.
Ho l'onore di essere

Di V. S. Chiar. ma
Umil. mo devot. mo servitore
Silvio Pellico

Dalla Villa, 15 sett. '46

A ROBERTO PARENTI

[Torino, 2 gennaio 1847][119]

Preg. mo Sig. Cavaliere.
Dalla sig.ª Marchesa di Barolo m'è imposto il grato incarico
d'esprimere alla S. V. quanto Le sia riconoscente degli amabili

---

[118] *All'Ill. Sig. re / Il Signore Giovanni Pizzurni / Pistoia*
Autografo rintracciato sul mercato antiquario.
La lettera porta il timbro Torino 16 settembre 1846. Silvio Pellico di
solito scriveva nella lettere Dalla Vigna ossia la Vigna Barolo, ma in
questa c'è un'indicazione che non avevo mai trovato in altre lettere,
d'altra parte, le cugine Carlotta e Gegia Marchionni facevano la
villeggiatura tutte le estati presso la Villa Pallavicini a Pecetto
Torinese e Pellico di solito le andava a trovare, quindi, credo che la
Villa citata in questa lettera possa essere proprio Villa Pallavicini.
[119] *Al Nobile Uomo / il Sig. Cav. D. Roberto Parenti / Console
Onorario ecc ecc / Livorno Toscana*
Autografo nell'Archivio dell'Istituto per la storia del risorgimento
italiano di Roma (Busta 94, inserto 25). Inedita.

72

augurj e di tutto ciò che la sua lettera contiene di cortese. Essa del pari fa sinceri voti per Lei, Sig. Cavaliere, con desiderarle buona salute ed ogni contentezza.

Gli stessi voti formo io similmente, e tanto più con affetto, ora che ho avuto il bene di fare la personale conoscenza d'un uomo così buono e gentile.

Abbia la compiacenza di far altresì gradire i miei umili ossequi ed augurj di felicità alla venerata sig.ª Caterina Paffetti sua degn.ᵐᵃ Cugina, della quale non dimenticherò mai la generosa accoglienza; - e voglia ancora la S. V. essere mio interprete verso l'ottimo amico e congiunto loro, il sig. Barigazzi.[120] - Il P. Pellico mio fratello brama in questa ricorrenza ch'io riverisca loro tutti associandosi egli ai voti da me espressi e condividendo i miei indelebili sentimenti di gratitudine.

Troppo Ella m'onora chiedendomi due versi pel suo Album e mi fo debito d'obbedire.

Disponga da padrone ed amico di chi si pregia d'essere

Suo dev. ᵐᵒ servitore

Silvio Pellico

Torino, 2 genn. 47

A LORENZO MANCINI

[Torino, 1 settembre 1847][121]

Ill.ᵐᵒ Sig. Cavaliere

---

[120] Antonio Barigazzi, zio di Francesco Barigazzi curatore della pubblicazione S. PELLICO, *Tre lettere dirette al cav. Parenti, console di S.M. Sarda a Livorno*, Firenze, Tipografia Landi, 1901

[121] Autografo nella Biblioteca Comunale di San Gimignano
http://www.google.it/url?sa=t&rct=j&q=Pellico++Biblioteca+Comu
nale+San+Gimignano&source=web&cd=4&ved=0CDsQFjAD&url=
http%3A%2F%2Fwww.accademiaintronati.it%2Findice_alfabetico_
1894-1968_i-
n.html&ei=mXGaT962HKTf4QTpldWPDw&usg=AFQjCNF-
G5OIoEDYCAHnbgR7YUcmBYraZA
Pubblicata in *Una lettera inedita di Silvio Pellico. Per le nozze Mori-Malei*, San Gimignano, 1900.

Le rendo infinite grazie del volume favoritomi, e mi sono deliziato a leggere le bellissime ottave in cui Ella ha recato que' libri di Omero.[122] La versione segue come aveva incominciato con tutta quella grazia e maestria che puossi bramare. Ammiro ed onoro l'opera omerica fatta così bene italiana e professandomi pieno di riverenza e di grato animo per V.S. illl. [ma] ho l'onore di confermarmi.
Di Lei, ottimo Padron mio

Umil. [mo] Obblig.[mo] servitore
Silvio Pellico

Torino, 1° sett. 1847

A CARLO MULETTI

[Torino, 22 gennaio 1848][123]

Carissimo amico.
L'infelice annunzio datemi dal figlio tuo Craveri mi ha penetrato di dolore, sapendo quali ottimi cuori siano i vostri, qual degna moglie e madre fosse quella che avete perduta e quale immensa mancanza sia quindi per te, per tutti voi, lo sparire di quell'eccellente e santa donna! Vano è il credere che a simili sciagure, il compianto dell'amicizia possa recare qualche consolazione. Ah! lo so, e non tento già di consolarti, infelicissimo Carlo, che ad altre sì crudeli separazioni vedi aggiungersi questa! Il pianto mio si mesce al tuo, ma conosco troppo che non ho modo di darti conforto; fui ammaestrato da acerbissime esperienze. La vita del mio cuore furono sempre gli affetti, ed affetti profondi, e mi è toccato di veder morire tante persone care! Dopo tali colpi, l'esistenza sembra un deserto, e se Dio non assistesse l'uomo e non lo investisse d'altissima forza,

---

[122] Pellico si riferisce all'Iliade già tradotta e pubblicata dal Mancini presso la Stamperia di Guglielmo Piatti a Firenze in due volumi, il primo uscito nel 1813 e il secondo nel 1824. Nel 1846 Mancini pubblicò anche una traduzione parziale dell'Odissea con la Tipografia Cecchi di Firenze. Da una ricerca nell'sbn risulta che Mancini tradusse anche *Il paradiso perduto* di Milton, l'*Eneide* e le *Georgiche* di Virgilio.
[123] *All'Egregio / Sig. avv. Carlo Muletti / Regio Esattore / Verzuolo* Autografo nella Biblioteca Civica "A. Sacharov" di Saluzzo. Inedita.

non potrebbe sopravvivere. Intendo tutto ciò, misero e diletto amico, e di più mi è noto che tu sei di quelle anime squisite che sentono al doppio delle comuni, e che beate fra le contentezze domestiche, vieppiù grande provano lo strazio di tali intime inesorabili disgrazie. Ognuno sa che il corso del tempo reca una certa calma agli sventurati, ma ci vogliono anni, e frattanto la ferita è recente, ed i giorni sono lentissimi, e ciascun giorno rinnova lungamente i e e laceramenti di quella ferita, come se non dovesse mai rimarginarsi! Ti dico, che l'esperienza m'ha insegnato simile angosciosa verità e che ti compiango, senza offrirti conforto. Mi unisco a piangere co' tuoi figli e con tuo fratello e a confondere con voi tutti le preghiere ed i gemiti. - Mentre preghiamo, per religioso debito, a favore di quell'anima cara, un bene è per noi il pensare che più probabilmente invece d'aver d'uopo di suffragi, essa è già in tutto il possesso della felicità e ci protegge. Se ne può nutrire un sentimento di sicurezza, quando si tratta, come ora, di persona che ha traversato la vita adempiendo i suoi doveri, amando e praticando ogni virtù. Ecco il pensiero sollevante che ti rimane colla religione. Non v'è altro per tua dolcezza, ed è pur sempre una dolcezza frammista a pensieri di pianto e di sacrificio. Io prego Dio di reggere il tuo afflittissimo animo. Appoggia te stesso a Lui, alla sua Croce; piangi, prega e prosegui ad essere forte, come si conviene a Cristiano, a pensatore, ad uomo esercitato nelle virtù più belle, a padre degli ottimi figli che ti restano, a fratello del fratel tuo. Oh quanto sei amato da tutti quegli eccellenti cuori! Né essi, né io, non siamo atti a consolarti, ma bensì a compiangerti e volerti bene.

Abbraccio te e quei carissimi. Spero che Ermelinda tua avrà ripreso sanità, e così Silvio. Bramo ardentemente che almeno non s'aggiungano malattie agli altri vostri motivi di mestizia. Sostenetevi a vicenda. - Scriverò a Craveri un altro giorno, oggi non posso. - Addio, addio.

il tuo Silvio Pellico

22 genn. 1848

AD ETTORE PERRONE DI SAN MARTINO

[Torino, 18 maggio 1848][124]

---

[124] *All'Ill.* [mo] *Sig. / il Sig. Conte Perrone / Generale, Ispettore, ecc*

75

Generale Stimatissimo

Mi permetta una libertà. Giustificata in qualche modo dal merito di V. S. e dal pregio in cui la tengo.

Il giovane Teodoro Fresia, nativo di Torino, ardente di sentimenti generosi e guerreschi, accorse de' primi a stringere le armi costà. È sano, forte, educato, , di civile famiglia Piemontese. Si è applicato a teoria e pratica di cose militari, e V.S. potrebbe con sicurezza proteggerlo e farne un buon uffiziale. Ardisco raccomandarglielo or ch'Ella sta formando un esercito. Trovasi il giovane Fresia nel Reggimento del duca Visconti, 3° di linea, 1° Batt. Ne, 1° C. Granatieri.

Confido nella bontà di Lei, illustre Generale, e mi dichiaro colla più alta stima

Della S. V.

Umil. mo dev. mo servitore

Silvio Pellico

Torino, 18 maggio 1848

A GIULIA MOLINO COLOMBINI

[Torino, 6 agosto 1849][125]

Egregia signora

L'animo mio contristato da tanti miseri avvenimenti e da sventure di amici, riceve da lei, gentilissima signora, un sollievo, un benefizio. La ringrazio del suo dono. Non so definire qual sia l'incanto de' nobili suoi versi, ma leggendoli ho provata quella soave contentezza che fa qualche momento dimenticare i dolori. Il bello intellettuale e morale è così raro a' nostri tempi! Pochi scrittori oggidì m'appagano: i più, benché ricchi d'ingegno, mi paiono troppo verbosi,

---

ecc. / Milano

Autografo nell'Archivio di Stato di Milano (Fondo autografi, Cartella 149). Inedita.

[125] Autografo nella Biblioteca Civica di Pinerolo: http://www.uni3pinerolo.it/Sito%20risorgimento/molino%20pellico. html

Pubblicata in PELLICO, *Epistolario*, cit., p. 223

intemperanti, malevoli. Hanno perduto l'idea del bello e pietoso, e sono guastamestieri in letteratura, in filosofia, in politica. Godo quando trovo eccezioni, e mi consolo come allorché tra facce burbere se ne vede qualcuna che spiri amicizia.

La prego di gradire il mio sincero plauso, ed i sentimenti d'alta stima, coi quali ho l'onore d'essere il suo dev. mo

Silvio Pellico

AD ANDREA IGHINA

[Torino, 11 giugno 1851][126]

Chiar. mo Sig. Professore

Mi rallegro che la nipote del sig. Can. co Vassallo componga versi così belli. Ringrazio V. S. delle strofe di essa gentilmente favoritemi. Vedo che la famiglia Vassallo è tutta armonia ed ingegno. Il mio plauso non significa nulla, ma lo fo sinceramente.

La pietosa fondatrice dell'Ospedaletto avrebbe pare, qualche diritto a star bene, e poveretta! ha passato miseramente queste scorse settimane, con febbre mucosa, bronchite, flebite. Ora il male è vinto, e rimane solo gran debolezza. A giorni andremo, se sarà possibile, alla Vigna, e quella buon'aria, spero, le sarà tanto balsamo. – Ho anch'io assai d'uopo di imbalsamarmi, ché non ne posso più d'acciacchi. –

Il più vigoroso è D. Ponte, mezzo morto di fatiche apostoliche, per novene, tridui, pasque, cresime, mese Mariano, ecc. ecc. La carità operosissima di questo degno Sacerdote, è mirabile.

L'avv. Nasi ed i suoi figli sono in grande afflizione per la perdita che hanno fatta. Li compiango. Quanto alla defunta, vi è piuttosto da riconoscere che non poteva accaderle di meglio dopo tanto patire e tanto esercizio di cristiane virtù. Eccola, non dubito, in possesso d'ogni bene ed in grado di proteggere i suoi cari infelici.

La sig. a Marchesa dice tante cose alla S. V. gent. ma, e La prega di rammentarla a Monsignore a cui si raccomanda. Abbia la bontà di

---

[126] *Al Chiarissimo / Sig. Teol. Andrea Ighina / Professore al Seminario / Mondovì*

Autografo nell'Archivio Contemporaneo "Alessandro Bonsanti", Gabinetto G. P. Vieusseux, Firenze, Fondo Roatta. Inedita.

mettermi altresì a' piedi suoi.

Creda, caro Professore, ai sensi di stima e d'amicizia coi quali mi confermo

Di Lei

Umil. [mo] e dev. [mo] servitore
Silvio Pellico

Torino, 11 giugno 1851

D. Ponte le porge i suoi saluti.

ALLA BANCA TORLONIA

[Roma, 18 dicembre 1851][127]

Signori Torlonia e C. i Riverit. [mi]

La sig. [a] Marchesa di Barolo prega Lor Signori di volersi compiacere di mandarle 2000 lire (lire duemila). Si troverà in casa oggi alle ore 5 ½ o domattina alle ore 10.

Nel ringraziare per la Sig. [a] Marchesa di Barolo le SS. VV. ho l'onore di dirmi con tutta stima

loro umil. [mo] dev. [mo] servitore
Silvio Pellico
Via Babuino n.° 95.96

18 dic. 1851

[DESTINATARIO NON IDENTIFICATO]

[Roma, 12 gennaio 1852][128]

Ill. [mo] Sig. Marchese

---

[127] *Agl'Ill. [mi] Signori / i Signori Torlonia e C. / Banchieri / Roma*
Autografo nell'Archivio dell'Istituto per la storia del risorgimento italiano di Roma (Busta 79, inserto 50). Inedita.

[128] Autografo nell'Archivio dell'Istituto per la storia del risorgimento italiano di Roma (Busta 210, inserto 24). Inedita.

La sig.ª Marchesa di Barolo approfittandosi della bontà che S. V. ha avuta di offerirle di mandare queste lettere per l'occasione di domani, spera che arriveranno sicuramente, e Le rende infinite grazie del favore.

Ho l'onore d'essere coi più distinti sentimenti

Di V. S. Ill. ᵐᵃ

Umil. ᵐᵒ Obbed. ᵐᵒ servitore

Silvio Pellico

12 genn. 1852

A GIOVANNI PALLAVICINI

[Roma, 11 marzo 1852][129]

Carissimo amico

Eccoci da 3 giorni a Roma, contentissimi del buon vetturino tuo, e ti sieno grazie d'avercelo procurato. Qui rispondo alla tua buona lettera. Non mancai di cercare alla posta se vi fossero lettere venute a Napoli per voi altri: non ve n'era alcuna.- Voi aveste la scaltrezza di godervi le migliori settimane della stagione, poi fuggiste e ci lasciaste un inverno quale non ce lo aspettavamo in Napoli. Addio il vantato bel clima, e non furono più se non freddi aquiloni e diluvio per venti giorni. I buoni napoletani se ne vergognavano, e dicevano essere un tempaccio affatto straordinario pel loro paese. Lo credo. I giorni sereni riapparvero, ma allora partimmo, e tutto è stato delizia sino a Roma, e felicemente così va continuando. - Rendo giustizia a Napoli ed a' suoi indicibili incanti, ma convien dire che ci cadesse addosso la jettatura, sebben muniti di belle corna di corallo. I miei poveri polmoni mi negavano il respiro, lo stesso floridissimo D. Pietro Ponte pativa di nervi, e quel che fu peggio, erano febbri e dolorosa infiammazione di fegato della nostra ottima Marchesa di Barolo, malattia che trascurò dapprima assai e che indi l'obbligò a porsi in letto e fare una cura per varii giorni. Appena stette un po' meglio, il suo animo forte e deciso si burlò del debole corpo, lasciò borbottare il medico e si risolvette a partire. Grazie a Dio ha sopportato la fatica del viaggio, ma è stanca e soffre. Il riposo la

---

[129] *Al Nobile Uomo / il sig. Marchese Giovanni Pallavicini / Parma* Autografo nella Biblioteca Civica "A. Sacharov" di Saluzzo.

ristabilirà presto, ne ho viva fiducia: parmi che il clima di Roma le conferisca più di quello di Napoli, siccome altresì più conferisce a Ponte ed a me. E poi abbiamo tutti per Roma una grande predilezione e vi godiamo una contentezza salutare: il mio respiro è più agevole. - Siamo alloggiati in un appartamento a primo piano in Via Poli, e da tutte [le] parti il sole ci sorride. - Niente di nuovo né a Napoli né a Roma. - ho letto le misere insolenze di certi nostri giornalisti, circa la Marchesa di Barolo e il suo bibliotecario. Puoi ben pensare che la mia egregia benefattrice non se ne turba, e che a me non duole di parere un imbecille a quella gente, giudicando le cose a modo mi. Ho smentito la falsità pubblicatasi, e poi lascio dire. Vi sono alcuni uomini malevoli per ogni dove ma oh! quanti buoni e gentili! Bado a questi, li amo e sto allegro. - Ho fatto conoscenza in Napoli con uomini coltissimi ed amabili: qui pure ho diversi amici pieni di dottrina e lieti. Secolari, preti, frati, gesuiti o non gesuiti, apprezzo i valentuomini dove li trovo, ed il numero non è scarso.- Quando mai finirà la mania di filosofare con sussiego e con rabbia? - Sta bene, Giovanni mio, anzi state tutti bene e siate felici, miei Pallavicini carissimi, ben inteso che pongo fra voi il nostro eccellente Lodovico, al quale ti prego di porgere, quando gli scriverai, i miei più cordiali saluti. Oh come avrei avuto caro ch'egli si fosse unito ai fratelli e nipoti viaggiatori! Voi siete stati più amabili di lui, e ve ne sono grato, benché sia stato così poco il tempo che ci siamo veduti.

Abbraccio ad uno ad uno voi tutti e sono il tuo affe. ^{mo}

Silvio Pellico

Roma, 11 Marzo 1852

Tante cose per parte della sig. ^{a} Marchesa

A RAFFAELE BERTINELLI

[Torino, 16 maggio 1852][130]

---

[130] *All'Ill. ^{mo} e Rev. ^{mo} Sig./ il Sig. Canonico D. Raffaele Bertinelli / Vice Rettore della Sapienza ecc ecc / Roma*
Autografo nell'Archivio dell'Istituto per la storia del risorgimento italiano di Roma (Busta 1031, inserto 21). Inedita.

Ill. ^{mo} e Rev. ^{mo} Sig. Canonico.

Ricevo il grato incarico dalla sig.ª Marchesa di Barolo, mia venerat. ^{ma} Padrona, di rinnovare a V. S. Rev. ^{ma} l'espressione dee' suoi ringraziamenti per tutte le bontà che la S. V. le ha usate. Le incresce di non aver potuto avere in tempo le due lettere che le avrebbero fatto conoscere così sante persone quali erano quelle due a cui in viaggio V. S. la indirizzava. Giunsero tai lettere troppo tardi, e l'ottima sig.ª Marchesa venne priva d'un piacere ch'essa molto bramava. Non è però meno obbligatissima al buon volere di Lei, Sig. Canonico. Le rimanderà, per una prossima occasione di qualcheduno che va a Roma, le due mentovate lettere. Intanto la sig. ª Marchesa mi dice di pregarla, se sapesse cose notevoli di Catterinella, o d'altre fra codeste piissime serve di Dio, di volersi compiacere di rendervela informata, essendo cose che assai la interessano. - Grazie al Signore e Maria SS. il nostro viaggio è stato felice. Fu solo conturbato in ultimo, quando trovandoci a Livorno, udimmo essere avvenuto un disastro a Torino, cioè lo scoppio della polveriera. Un sobborgo è stato gravemente danneggiato nelle case, nelle pie fabbriche ospedali, ecc. e quivi pur sono alcuni Stabilimenti della sig.ª Marchesa, la riparazione de' quali costerà migliaja di lire. Tuttavia in tale disgrazia, la B. V. sempre piena di misericordie per questa sua città, ha palesato il potere che ha sul Cuore di Dio. Eccetto alcuni soldati e poche altre persone, nessuno perì. Le figlie carissime della sig. ª Marchesa, sì penitenti come innocenti, sono rimaste miracolosamente illese; e tutte in quel giorno spaventoso hanno dato prova di grande virtù, fiducia, coraggio e conformità all'adorabile volontà Divina. - Insomma abbiamo onde gemere e onde consolarci. Qui tutti i credenti riconoscono per miracolo, che dopo due esplosioni, non siasi effettuata la terza, la quale pareva inevitabile ed avrebbe distrutto la Città, trattandosi d'un vicinissimo magazzino di polvere chiusa in botti; magazzino abbondantissimo. Un artigliere, uomo dabbene e divoto della Madonna si confidò in lei, troncò rapidamente la comunicazione del fuoco, e coll'ajuto celeste salvò Torino. Ecco belli e consolanti prodigi pei nostri cuori afflitti da tanti profondi dolori! - Maria e il suo Divin Figlio non ci abbandoneranno, speriamo e preghiamo. - Permetta, sig. Canonico, che nel domandarle per la sig.ª Marchesa il soccorso delle sue sante orazioni, io ne domandi una parte anche per me, povero ed indegno peccatore. - Tanti e tanti nostri ossequi all'ottima sua sig. a Madre. Iddio li colmi tutti, in casa loro, di grazie segnalate. - Andando al Gesù, saluti il mio buon fratello. - Ho l'onore d'essere, caro sig. Canonico

Di lei, Padron mio Rev. ^{mo}

Umil. ^{mo} e Obbed. ^{mo} servo

Silvio Pellico

Torino, 16 maggio 1852

A GIUSEPPE NASALLI

[Torino, 10 aprile 1853][131]

Poetando ho serbato la semplicità del vecchio racconto. Non sono contento de' miei scritti; li trovo assai lontani da quel Bello che avrei desiderato di saper produrre. Troppo debolmente coltivai l'ingegno. Ella ch'è giovane, studii, non perda tempo, e sempre dia agli scritti, come all'operare, un carattere nobilitante e spirante virtù. Ciò mi proposi anch'io, ma accennai l'altissima via, e non ebbi forza.
Le auguro ogni bene, e ho l'onore di essere

Suo umil. ^{mo} e dev. ^{mo} servitore

Silvio Pellico

Torino, 10 apr. 1853

In nessuna cronaca nostra leggasi il caso di Rosilde.[132]

---

[131] Autografo rintracciato sul mercato antiquario. Una riproduzione fotografica è consultabile in:
http://www.roma.bloomsburyauctions.com/detail/ROMA-2/520.0
Al Conte Giuseppe Nasalli di Piacenza
Questa lettera somiglia molto come contenuti a quelle indirizzate nello stesso anno a Carlo Maria May che in questa edizione la seguono: in tutte e quattro le lettere Pellico infatti incoraggia due giovani scrittori riconoscendo nello stesso tempo i propri limiti.
[132] Rosilde era una cantica di Pellico ad ambientazione medievale, da questa lettera scopriamo che l'ambientazione era realistica, ma il personaggio di Rosilde è un'invenzione del Pellico.

A CARLO MARIA MAY

[Torino], 10 giugno 1853[133]

Stimatissimo Sig.[re]
La sua gentilezza mi vorrà perdonare un ritardo involontario. Ho ricevuto le sue due ultime lettere. I suoi versi palesano ingegno e me ne congratulo. L'assicuro che io non so punto dare insegnamenti agl'intelletti che hanno disposizione alla coltura letteraria. Il solo consiglio che dar posso, si è di studiare i grandi maestri e di congiungere a questo studio la nobile cura di non produrre componimenti né irreligiosi, né malevoli, né dipingenti veruna immorale avventura. Non bisogna mai servirsi dell'ingegno per abbellire il male, ma bensì per dar rilievo alla virtù, per innamorare l'uomo de' suoi doveri. Si veda in ogni invenzione poetica una tendenza a nobilitare, a santificare, ad ispirare compassione, carità, giustizia, sapienza cristiana. - Tali sono state le norme che ho cercato di seguire; non ho saputo riuscirvi con sufficiente valore, ma quest'era il mio intento.
Ora sono vecchio ed infermo ed occupato da cose d'altra natura, e non posso scrivere molto. Mi scusi pertanto, gentilissimo giovane, un laconismo che non è punto espressione di scontentezza né di lieve stima, piacendomi anzi assai il suo spirito, il suo buon volere, il suo amore agli studi.
Le auguro ogni bene e sono suo dev.[mo] servitore

Silvio Pellico

A CARLO MARIA MAY

Torino, 18 luglio 1853[134]

---

[133] *Al Preg.* [mo] *Sig. / il Sig. Carlo Maria May / nel Seminario Arcivescovile / Vercelli*
Autografo nella Biblioteca Comunale Labronica "F. D. Guerrazzi" di Livorno (Autografoteca Bastogi). Inedita.
[134] *Al Gent.* [mo] *Sig. / il Sig. Carlo Maria May / Robbio Lomellina*
Autografo nella Biblioteca Comunale Labronica "F. D. Guerrazzi" di Livorno (Autografoteca Bastogi). Inedita.

Stimat. ^{mo} Sig. May
Vi sono debitore di ringraziamenti e ve li fo di cuore. Il vostro carme la canizie onorata contiene gentilezza ed affetto per me ed inoltre è pieno di bellezze. Scusatemi sempre quando tardo a rispondervi: i patimenti che mi travagliano, e parecchi doveri non mi lasciano modo di scrivervi spesso.
Applaudo sinceramente ai vostri lodevoli sensi e al vostro ingegno e vi auguro ogni contentezza.

Silvio Pellico

A CARLO MARIA MAY

Torino, 1° dic. 1853[135]

Stimat. ^{mo} Sig. Prefetto
Debbo sempre chiedere scusa del mio ritardo: esso è cagionato dalle mie occupazioni e dalla misera salute. I suoi versi meritano lode. Badi alla voce zane: se l'ha adoperata per zanne, non credo sia licenza permessa.
La riverisco distintamente.

Silvio Pellico

AD ANDREA IGHINA

[Torino, 10 dicembre 1853][136]

Ill. ^{mo} e Rev. ^{mo} Sig. Canonico.
Per incarico dell'ottima Sig. ^a Marchesa ho il piacere di pregare V. S. carissima di offrire i suoi ossequi di essa Marchesa a Monsignore, con tanti ringraziamenti pel sacro discorso favoritole. Quanto è bello

---

[135] *Al Preg. ^{mo} Sig. ^{re}/ il Sig. C.M. May / Prefetto nel Collegio Nazionale de' Somaschi / Casale*
Autografo nella Biblioteca Comunale Labronica "F. D. Guerrazzi" di Livorno (Autografoteca Bastogi). Inedita.
[136] *All'Ill. ^{mo} e Rev. ^{mo} / Sig. Teol. Canonico Andrea Ighina / Rettore del Piccolo Seminario / Mondovì*
Autografo nella Biblioteca Civica "A. Sacharov" di Saluzzo. Inedita.

84

tutto ciò che Monsignore dice a Paolo Luigi Einardi, e quanto opportuna ed istruttiva l'esortazione al Clero e al Popolo! Ecco un vescovo infaticabile nel bene e quale abbisogna ai tempi.

La sig. ª Marchesa lo prega di benedirla ed implora da lui la medesima grazia.

Avrei dovuto scrivere due righe prima d'ora a V. S. carissima per ringraziarla d'avere avuto amichevole sollecitudine quando mi seppe ammalato. Il degn. ᵐᵒ Sacerdote venuto ultimamente a visitarmi, le avrà detto lo stato mio. M'è rimasta gran debolezza. Mi alzo, ma non esco, e non mi permettono neppure d'andare la festa alla santa Messa. Sia fatta la volontà di Dio e stiamo allegri.

Riceva i rispetti della sig. ª Marchesa e mi creda sempre della S. V. amico e servitore aff. ᵐᵒ

Silvio Pellico

Torino, 10 dic. 1853

[AL CONTE DE PRATI]

[Torino, 30 marzo][137]

Mio caro Prati, voglio che sappiate che jeri non seppero annunziarvi, e che veduto poi dalla carta di visita il nome vostro, vi feci correr dietro per pregarvi di risalire. Ma quel buon uomo che non sapea farne una pel suo dritto, corse da un lato mentre voi andavate dall'altro e non vi raggiunse. Risarcitemi della mia disgrazia di jeri. Vi stimo, v'amo, e vi vedo sempre volentierissimo.

Silvio Pellico

Giovedì, 30 marzo

---

[137] *Al Nobile Uomo / il sig. Conte de Prati / Hotel Feder*
Autografo nella Biblioteca Civica Centrale di Torino (Raccolta Henry Prior, mazzo 41, fascicolo 4, sottofascicolo 20/9). Inedita.

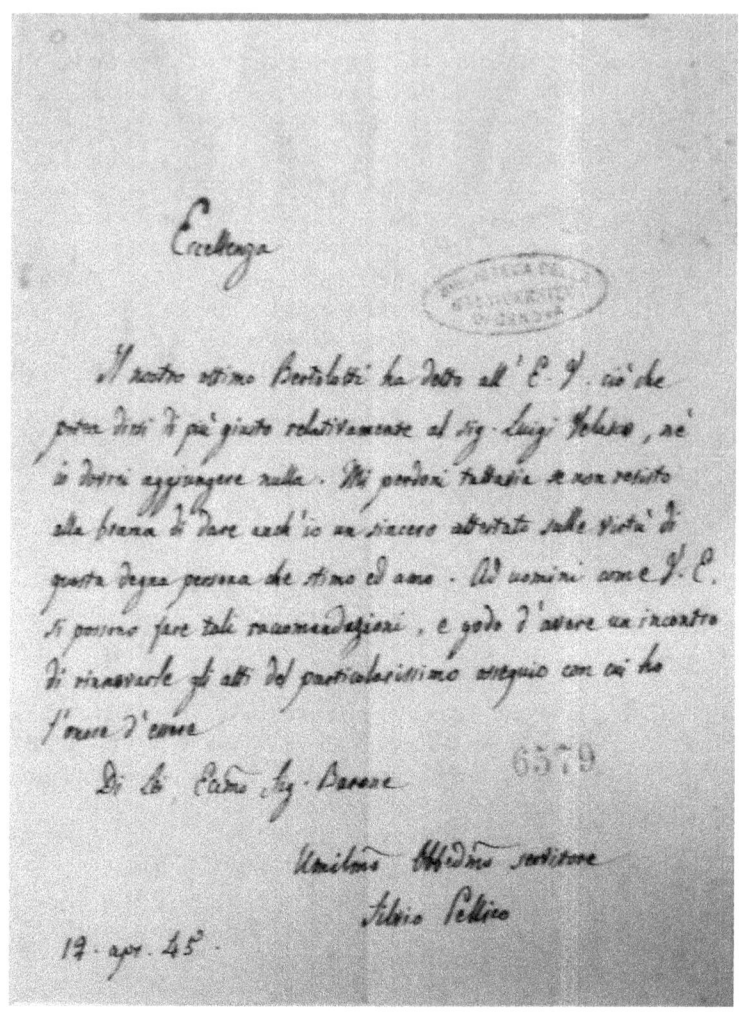

86

LETTERE DI SILVIO PELLICO CONSERVATE IN ARCHIVI E BIBLIOTECHE FRANCESI:

Catalogue général des manuscrits des bibliothèques publiques de France. Départements. — Tome XXXIX bis. Reims. Collection Tarbé
Collection Tarbé, Cartons 1-26

Titre : CARTON XXV
Date : Années 1830-1846

N° CGM : Coll. P. Tarbé. Carton XXV. N° 72-74

Titre : Billet, en italien, de Silvio Pellico au comte di Cossilla, à Turin ; il le remercie du mot qu'il lui a écrit, et lui transmet les compliments du marquis et de la marquise di Barolo (« Vigna Barolo », 18 septembre 1836). — Billet du même à une dame ; « Vous savez qu'elle est arrivée dans la nuit, qu'elle souffre et qu'elle fait pitié... Elle ne peut recevoir que les personnes bien amies, et vous êtes du nombre » (9 septembre 1838). — Billet en italien, non signé, de Louis Pellico, frère du précédent, qui transmet un renseignement historique sur l'origine et la composition du corps des janissaires (s. d)

Date : 1836
Langue : italien

Index :   Barolo (Marquis di)
                Cossilla (Comte Nomis di)
                Pellico (Louis), frère du suivant
                Pellico (Silvio)
INEDITE

Manuscrits et fonds d'archives
Département des Manuscrits. Français.
NAF 19001-19734-NAF 21991-21992

Cote : **MS.** NAF 20259

Titre : Lettres de Silvio Pellico à Antoine de La Tour et fragments autographes des Prisons . XIXe siècle.

Date : XIXe siècle.

Langue : français.

Support : Papier.

Importance matérielle : 123 p., montées in-fol.

Reliure : Demi-reliure.

Présentation du contenu :

En tête, deux portraits de S. Pellico et aquarelle représentant une partie du palais des Doges

Index : La Tour, A. de [*Destinataire de lettres*] - *Lettre(s) à lui adressées par Silvio Pellico*
Pellico, Silvio [*Auteur*] - *Lettre(s) à A. de La Tour et fragments des Prisons*

Catalogue général des manuscrits des bibliothèques publiques de France. Départements — Tome XXXVI. Carpentras. Tome III. Collection Peiresc (3) 1855-2154

Titre : COLLECTION PEIRESC

Index : Peiresc (Nicolas-Claude Fabri de), fils de M. de Callas et frère de M. de Valavez [*Propriétaire précédent*] - Manuscrits en provenant

---

N° CGM : 1982

Autre cote : Barj., 1527

Titre : Recueil intitulé : « Chronique de Montfavet »

Date : XIXe siècle

Langue : français

Support : Papier

Importance matérielle : 70 pages
Dimensions : 170 × 105 mm
Reliure : Cartonné
Présentation du contenu :
Les pièces manuscrites sont indiquées ci-après
De la main du marquis de Seguins-Vassieux.

Index : *Montfavet (Recueil intitulé Chronique de)*

Division : Page 69
Titre : Copie d'une lettre de Silvio Pellico au marquis de Seguins-Vassieux
Date : 2 janvier 1851

Index : Pellico (Silvio) - Lettre
Seguins-Vassieux (Marquis de) - Correspondance

Catalogue général des manuscrits des bibliothèques publiques de France. Départements — Tome XXX. Lyon. Première partie. Fonds général (3) 1346-1964

EDITA
N° CGM : 1724
Autre cote : 1690
Titre : Jean-Baptiste Monfalcon. « Etudes littéraires, composées de la traduction des œuvres complètes d'Horace, de *Childe-Harold* de Byron, du *Faust* de Goethe, de l'*Enfer* du Dante, d'épisodes du *Don Quichotte* de Cervantès..., etc., textes en regard, suivies de grammaires pour les langues italienne, allemande, anglaise et espagnole, ainsi que d'un dictionnaire polyglotte, terminées par un précis d'histoire universelle..., écrites à Lyon par Jean-Baptiste Monfalcon, du 30 mars 1839 au 4 août 1842 »
Date : XIXe siècle
Langue : français
Support : Papier

Importance matérielle : 468 feuillets

Dimensions : 196 × 113 mm

Reliure : Reliure maroquin rouge, filets et fleurons dorés et à froid, tranches dorées, doublée de maroquin bleu, dentelles intérieures. Étui en peau de truie (Bauzonnet-Trautz)

Présentation du contenu :

L'auteur a joint à ce manuscrit une série de lettres autographes. Manuscrit autographe.

On trouve aux fol. 5, 330, 430, 434, les portraits de La Fontaine, de Mme de Maintenon, de Voltaire et de Rousseau gravés par Ficquet ; aux fol. 6, 115, 174, 234, 293, 294, 320, 324, 328, planches, vignettes anglaises, chromo-lithographie.

Mention de provenance :

Don de l'auteur, 20 mai 1855.

Index : Byron [Auteur] - Lettre autographe
Goethe [Auteur] - Signature
Monfalcon (J.-B.), bibliothécaire de Lyon [Auteur] -
Études littéraires
Ficquet [Dessinateur ou illustrateur] - Gravures

Division : Fol. 448

Titre : Silvio Pellico, lettre autographe signée. (Turin, 14 décembre 1833)

Index : Pellico (Silvio) [Auteur] - Lettre autographe

EDITA

Non ho inserito queste lettere per ora nella mia edizione perché finora mi sono limitata a trascrivere solo le lettere del Pellico in italiano, tralasciando quelle in francese…

Un ritratto di Silvio Pellico poco conosciuto
realizzato nel 1842.

LA CIRCOLAZIONE DEGLI AUTOGRAFI DI SILVIO
PELLICO DALL'800 AD OGGI...

Attualmente la maggior parte degli autografi di Silvio Pellico sono
conservati in Biblioteche e archivi pubblici sia in Italia sia in misura
minore all'estero, ma trattandosi di un autore che ha avuto un grande
successo presso i contemporanei e le cui lettere venivano già
ricercate dai collezionisti quando era ancora in vita accade che
vengano fuori ancora oggi sul mercato antiquario sia autografi di
lettere pubblicate nell'edizione Stefani dell'epistolario pellichiano

del 1856 e poi finite in qualche collezione privata sia lettere del tutto inedite.

Rivedendo questa nuova edizione delle lettere inviate da Pellico a vari scrittori soprattutto piemontesi ho svolto in contemporanea un rapido lavoro di ricerca nel web per vedere cosa circola attualmente sul mercato antiquario:

Di seguito fornisco quindi alcuni link che spero possano essere utili per dare un'idea di quello che è stato il complesso mondo dei rapporti epistolari del Pellico che tra lettere personali e lettere scritte come segretario prima del conte Luigi Porro e in seguito della marchesa Giulia Falletti Di Barolo ritengo che possa aver scritto nell'arco della propria vita sommando le lettere in italiano e quelle in francese non meno di 3000-3500 lettere.

http://www.liveauctioneers.com/search?q=pellico+Silvio&sort=relev ance&dtype=gallery&hasimage=true&type=complete&rows=20&ad dfq=auction_house%3A%28%22Bloomsbury+Auctions+Italia+%22 %29

http://www.liveauctioneers.com/item/1914578

http://www.google.it/url?sa=t&rct=j&q=Pellico+autografi+vendita& source=web&cd=13&ved=0CCwQFjACOAo&url=http%3A%2F%2 Fwww.preliber.com%2Ffiles%2F93%2520Cat.pdf&ei=7Q- bT7izOIKh4gT8ntypDg&usg=AFQjCNE1wPucSUDvzoylm4OIg6P tsUuYJQ

Di recente è stata ritrovata anche una lettera di Teresa (Gegia) Marchionni la "fidanzata" di Pellico nell'estate / autunno del 1820, purtroppo la lettera è del 1864 e quindi risale ad un periodo in cui il Pellico era già morto:

http://www.limantiqua.eu/public/cataloghi/20110524095300195326 0.pdf

LETTERA A RAIMONDO FERAUDI:

Libreria: Libreria Pontremoli - Italy

Note: 258x197 mm. 1 carta (1 pagina scritta). Manoscritto a penna nera. Sul verso l'indirizzo del destinatario. '[OE] La Procura è fatta a meraviglia, e ne la ringrazio. Ha ben ragione di dirmisi fratello, e mi reca prove continue. [OE] Avrà ricevuto la mia precedente in cui la ringraziavo del suo lavoro per la consegna; lavoro non solo pazientemente, ma eccellentemente eseguito. V. R. è teologo, medico, avvocato, notajo, ingegnere, dottore di tutte le facoltà. Mi diceva in una sua lettera, d'essere oriundo francese, ed aver Ella inoltre succhiato il latte di più balie. Non ne ha ricavato se non le migliori qualità, sì di quella nozione perspicace, attiva, gentile ed amante, sì delle donne che le diedero il primo alimento, le quali sicuramente erano anime belle e sante [OE]». **Nel 1880 la Tipografia Salesiana di Torino pubblicò molte lettere di Pellico a Raimondo Feraudi; quest'ultimo fu autore, tra l'altro, di alcuni poemetti didascalici in dialetto piemontese.**
Numero scheda: 113561234

EDITA

Lettere inedite di Silvio Pellico al P. Raimondo Feraudi ...
 books.google.itSilvio
 Pellico
 , Celestino Durando - 1876 - 201 pagine -
 Visualizzazione snippet
 Ha ben ragione di dirmisi fratello , e mi reca prove continue d' esserlo con adoperarsi a rendermi fraternamente servigio, ben- ch' io non sia buono a nulla , fuorchè ad amare e venerare questo caro fratello. Mi toglie d' inquietudine ...

Lettere famigliari: Volume 1
 books.google.itSilvio Pellico, Celestino Durando - 1876 -
 Visualizzazione snippet
 L' abbraccio di tutto cuore e sono il suo umilissimo ed affezionatissimo 16 Aprile 1841 .•• SILVIO PELLICO. 2l0. ... Mi toglie d' inquietudine assicurandomi essere la raucedine cosa passeggiera , e me la farebbe quasi considerare come ...
 Altre edizioni

LETTERA AUTOGRAFA FIRMATA, DATATA 5 LUGLIO 1851, INVIATA ALLA SORELLA "JOSEPHINE".
Autore:
PELLICO SILVIO (1789-1854)
Catalogo: Catalogo generale autografi (aprile 2012)
Libreria: Libreria Pontremoli - Italy ☆☆☆☆☆ (Valutazione libreria:)
Note: 213x135 mm. 1 carta, scritto il recto. Manoscritto a penna nera. "[OE] Tu dis fort bien: s'il faut que tu donnes quelque autre chose pour la loterie, tu peux donner le cordon à sonnette. M.e la M.e en offrant des objets pour les loterie, met toujours la condition que ses dons ne portent pas son nom, mais simplement N. N. Le catalogues pompeux ne sont pas de son goût. [OE]. Pellico continua la missiva parlando della sua salute : " [OE] je me lève, je sors, mais souvent je respire mal [OE]". Maestra e superiora al Ritiro delle Rosine di Chieri, Giuseppina, donna colta e religiosa, dopo la morte del fratello Silvio ne eseguì le ultime volontà e ne curò il ricordo. Molte informazioni di carattere privato, relative al poeta, sono oggi arrivate a noi grazie ad alcuni quaderni autografi lasciati dalla donna.
Numero scheda: 113561712

EDITA

Lettere famigliari: Volume 2
　　　　　books.google.itSilvio Pellico, Celestino Durando - 1878 - Visualizzazione snippet
　　　　　Ma chère Joséphine, J'ai reçu l'autre jour ta lettre du 2 et hier la dernière. Tu dis fort bien : s'il faut que tu donnes quelque autre chose pour la loterie, tu peux donner le cordon à sonnette. Madame la Marquise en offrant des objets ...
　　　　　Altre edizioni

LETTERA AUTOGRAFA FIRMATA, NON DATATA, INVIATA AL MARCHESE COLBERT DE MAULEVRIER.
Autore:
PELLICO SILVIO (1789-1854).
Catalogo: Catalogo generale autografi (aprile 2012)
Libreria: Libreria Pontremoli - Italy ☆☆☆☆☆ (Valutazione libreria:)
Note: 195x123 mm, 1 carta (scritto il recto). Manoscritto a penna

nera. La lettera è scritta dalla casa di Giulia Colbert di Maulevrier, discendente dal ministro francese Colbert. Lei e il marito, Marchese di Barolo, ospitarono a lungo Pellico. Alla loro morte il patrimonio della coppia venne lasciato ad opere di carità, tra le quali l'Opera Pia Barolo a Torino. "[...] Que vous etes bon d'avoir ajoute quelque lignes à la charmante petite lettre de Paul ! [...] dans un événement [...] aussi solennel que la première Communion de votre cher fils.- Je n'oublierai jamais cet aimable enfant dans mes prières [...]. Veuillez présenter, je vous prie, mes reespectueux hommages à Madame de Maulévrier. La sante de Madame Votre soeur laisse bien à desirer , et vous savez [...] comment elle la prodigue dans ses affaires de charite. Nous ne sommes pas inondés, mais le temps est souvent mauvais, froid. Les santes faîbles en souffrent [...]".
Numero scheda: 113561391

INEDITA

LETTERA ALLA CONTESSA ARRIVABENE DEL 1836, INEDITA: Silvio Pellico (1789 - 1854). An autograph letter of biographical interest, addressed to the Contessa Arrivabene of Mantova, in which he refers to her brother in-law, patriot and economist and Pellico's friend, Giovanni Arrivabene (1787 - 1881) Torino, 2 November 1836. Two pages in-8. The letter is divided into two parts; a tear damages one line of text on the front and back. Autograph address and pre-stamp cancellation. Preserved in a wooden frame.

http://www.artfact.com/auction-lot/silvio-pellico-1789-1854-.-an-autograph-1-c-86qoorb65i

LETTERA AL FRATELLO LUIGI DEL 1838, INEDITA: Silvio Pellico (1789-1854) **Interesting letter from the famous patriot to his elder brother Luigi, dated 11 luglio 1838.** Three pages in-8 fixed at the fold by a protective sheet of white paper. The letter, which focuses primarily on questions of inheritance, is not without references to the activities and literary interests that bound the two brothers.

PELLICO, Silvio. Bella lettera autografa firmata, in francese, due pagine 8° completa di busta con indirizzo autografo (Monsieur l'Abbè Gondran Professeur de Rhétorique à S.t Louis-du-Mont prés Chambéry), Turin, 6. Mai 39: Vos Etudes Littéraires sur l'Ecriture Sainte sont un excellent livre; vous y traitez un sujet si vrai, si beau!. Unito, manoscritto poetico autografo firmato, una pagina 8° grande su carta azzurra, Turino li 15 Aprile. 1841: L'amore del canto Chi rende al Captivo? Tu, Sole, tu divo Di luce tesor! Oh come oltre il cinto Di mia sepoltura L'intera natura Snebbii d'amor! (2)

INEDITA LA LETTERA, EDITA LA POESIA CON IL TITOLO INNO AL SOLE (SI TRATTA DI UNA POESIA COMPOSTA DA PELLICO DURANTE LA DETENZIONE NELLO SPIELBERG DI CUI ESISTONO DIVERSE COPIE MANOSCRITTE IN CIRCOLAZIONE SUL MERCATO ANTIQUARIO; PROBABILMENTE PELLICO L'HA RISCRITTA PIU' VOLTE A MEMORIA CON QUALCHE VARIANTE, PER INVIARLA A CHI GLIELA CHIEDEVA, PERCHE' NELLA BIOGRAFIA DEL PELLICO PUBBLICATA DA PIETRO GIURIA IL TESTO HA DUE STROFE IN MENO RISPETTO ALLA VERSIONE PUBBLICATA NEL 1856 NELLA PRIMA EDIZIONE DELL'EPISTOLARIO PELLICHIANO).

Pellico, Silvio. Lettera autografa firmata.
Lettera a.f. a Vincenzo Craveri, Torino 12 III 1845; una poesia autografa, "Al Sole"; 2 poesie con firma autografa; 1 poesia della figlia adottiva Carolina.
***Il 12 marzo 1845 ringrazia Vincenzo Craveri per la sua "bell'Ode in morte di Canonico Pratis. E' componimento ispirato da un cuore pieno d'affetto, di dolore e di entusiasmo per la Virtù". Nella poesia "Il prigioniero Maggio 1827" esprime una totale fede in Dio perché l'aiuti a sostenere le sofferenze del carcere duro: "Al mio solingo carcere pietoso Iddio mi toglie sedendo, a me la ferrea catena si

discioglie...". Bella e significativa anche la poesia "Il ritorno di Silvio Pellico dallo Spielberg", fervida di amor patrio, che prorompe in un grido di risveglio. .

http://www.liveauctioneers.com/item/11665018_pellico-silvio-lettera-autografa-firmata

INEDITA LA LETTERA, EDITE 2 DELLE 3 POESIE, UNA E' LA STESSA ALLEGATA ALLA LETTERA PRECEDENTE, UNA E' NON DI PELLICO, MA DI GIUNIO BAZZONI E VENNE SCRITTA QUANDO SI DIFFUSE LA FALSA NOTIZIA DELLA MORTE DI PELLICO IN CARCERE, LA TERZA E' INEDITA E NON L'HO TROVATA MENZIONATA IN NESSUNA PUBBLICAZIONE DI E SUL PELLICO.

http://www.daguerre.fr/fr/vente/18/drouot-26-mars-salle-4/lot/23/silvio-pellico-1789-1854

Silvio PELLICO (1789-1854) écrivain italien. POEME autographe signé, avec L.A.S. d'envoi, 7 février 1851, au comte de REISET, secrétaire de la Légation de France à Turin; 2 pages in-8, enveloppe. Beau poème en italien de deux quatrains: Il contento vuoi del core? ... (une traduction française par Adrien Delessert est jointe). Charmante lettre d'envoi en français de cet autographe.

EDITE SIA LA LETTERA SIA LA POESIA (CHE E' STATA PERO' PUBBLICATA PIU' VOLTE CON ALCUNE VARIANTI)

Revue politique et littéraire: revue bleue
> books.google.it1901 - Visualizzazione snippet
> **A Turin, le comte de Reiset connut Silvio Pellico, « un homme fluet, maigre, maladif», et il cite de lui quelques vers, obligeamment donnés comme autographe à quelque admirateur, et qui sont médiocres.**

Mes souvenirs ...
> books.google.itGustave Armand Henri Reiset (comte de),

Reiset (Gustave-Armand-Henry, comte de), Robinet de Cléry (Gabriel Adrien, M.) - 1901 - Visualizzazione snippet
curer un autographe de Silvio Pellico, celui-ci me répondit très gracieusement : **Monsieur le comte de Reiset, premier secrétaire de la légation française, place Château, n° 21, Turin.** h Monsieur, « La demande aimable que vous me faites, ...
Altre edizioni

La vita di Silvio Pellico

books.google.itBarbara Allason - 1933 - 477 pagine - Visualizzazione snippet
Silvio ricevette il giovane diplomatico, lo conquise colla sua dolcezza, ne esaudì la preghiera scrivendo per il De Butenval un'ottava che comincia: Il contento vuoi del cuore? Ama, tollera, perdona...

Rivista contemporanea nazionale italiana: Volume 1 - Pagina 529

books.google.it1854 - Google eBook gratis - Leggi
LA PACE DEL CUORE Vuoi dell'anima il contento? Ama, edifica, perdona ... quella il cor mi strazia Ch'a te lorrà la vita. Anno I. 36 AMORE FATTO CONTADINO (Dal greco) Deposta un dì La pace del cuore, pur Silvio Pellico Marziale pr G D.
Altre edizioni

Ho trovato su internet anche queste due interessanti pubblicazione:

www.accademiaurbense.it/pdf/URBS_04-05.pdf
Formato file: PDF/Adobe Acrobat
www.accademiaurbense.it. ,. Quattro lettere di Silvio Pellico al Marchese Carlo di Villahermosa, nell'Archivio Buffa di Ovada. (2005)

Si tratta tuttavia di lettere firmate dal Pellico, ma non personali, in quanto sono lettere scritte su incarico della marchesa di Barolo.

DUE INEDITI DI SILVIO PELLICO di Franco Cologni

Aevum, Anno 36, Fasc. 3/4 (MAGGIO-AGOSTO 1962), pp. 327-333

http://www.jstor.org/discover/10.2307/20859521?uid=2129&uid=2&uid=70&uid=4&sid=21100925176151

Edizioni dell'epistolario di Silvio Pellico
Pubblicate dal 1856 al 2009:

A. ALEARDI, A. CESARI. S PELLICO, *Lettere estratte dalla raccolta di autografi posseduta dal signor Giovanni Soster di Valdagno*, Schio Tipografia Manin, 1881.
(Contiene una lettera di Silvio Pellico indirizzata al canonico Antonio Grippa datata 12 ottobre 1838).

M. BRIGNOLI, *Lettere inedite di Silvio Pellico* in *Saluzzo e Silvio Pellico nel 150. de "Le mie prigioni". Atti del Convegno di studio : Saluzzo, 30 ottobre 1983*, a cura di A. A. MOLA, Torino, Centro di studi piemontesi, 1984, pp. 43-73.
(Contiene ventuno lettere indirizzate a Giuseppina Pellico, sorella di Silvio, scritte tra il 1844 e il 1853; nove lettere indirizzate a Giulio Caponago, scritte tra il 1836 e il 1851; una lettera indirizzata al conte E. De Seguins-Vassieux, datata 19 settembre 1832; una lettera indirizzata al critico letterario dell'*Antologia* Giuseppe Montani, datata 19 febbraio 1833; una lettera indirizzata al conte torinese Cesare Balbo, datata 8 giugno 1833; una lettera indirizzata al padre domenicano Raimondo Feraudi, priva di data; una lettera indirizzata a mons. Filippo Artico, vescovo di Asti, datata 14 agosto 1843; una lettera indirizzata al conte Vincenzo Piccolomini, datata 20 dicembre 1844; una lettera indirizzata a J. A. Martigny, datata 25 giugno 1845; una lettera indirizzata a Roberto Parenti, console del Re a Livorno, datata 1° gennaio 1848; una lettera indirizzata ad Emilia, priva di data).

D. CHIATTONE, *Una lettera di Silvio Pellico a Stanislao Marchisio* in

Piccolo archivio storico dell'antico marchesato di Saluzzo, Annata *I*, Ristampa anastatica, Saluzzo, Editoriale Rosso, 1987.

ID., *Due lettere di Silvio Pellico* in *Piccolo archivio storico dell'antico marchesato di Saluzzo*, Annata *I*, Ristampa anastatica, Saluzzo, Editoriale Rosso, 1987.
(Contiene una lettera indirizzata al teologo Borel, datata 18 settembre 1848 ed una lettera indirizzata allo scrittore belga Léger Noel, datata 25 aprile 1839).

S. PELLICO, *Alcune lettere inedite*, a cura di R. RENIER, Torino, Officina Poligrafica Ed. Subalpina, 1911.
(Contiene venti lettere indirizzate al padre somasco Antonio Bottari, scritte tra il 1838 e il 1850).

ID., *Epistolario,* raccolto e pubblicato a cura di G. STEFANI, Firenze, Le Monnier, 1856.

ID., *Due lettere a Giuseppe Montani*, Firenze, Le Monnier, 1858.

ID., *Due lettere inedite*, pubblicate a cura di F. MARTINI, Pescia, Tipografia Benedetti e Niccolai, 1921.
(Contiene una lettera indirizzata all'ex compagno di prigionia Alexandre Andryane, datata 4 novembre 1837 ed una lettera indirizzata allo scrittore Giovanni Sabbatini, datata 17 marzo 1850).

ID., *Due lettere inedite di Antonio Rosmini e di Silvio Pellico a Luigi Fornaciari*, Firenze, Tipografia Carnesecchi, 1847.
(Contiene una lettera di Silvio Pellico datata 15 febbraio 1847).

ID., *Cinque lettere*, pubblicate da E. ROSTAGNO, Saluzzo, Tipografia Lobetti-Bodoni, 1905.
(Contiene due lettere indirizzate a Giampietro Vieusseux, datate rispettivamente 11 marzo 1833 e 23 aprile 1833; una lettera indirizzata all'attrice Angelica Armari Dalbono, data 20 maggio 1833; una lettera indirizzata al marchese Cesare Campori, datata 14 agosto 1843 e una lettera indirizzata a Quirina Mocenni Magiotti, datata 1° gennaio 1845).

ID., *Lettera alla signora Quirina Magiotti (la donna gentile) del 12 maggio 1846*, pubblicata da D. MARTELLI, Firenze, [Le Monnier], 1892.

ID., *Lettere a Giorgio Briano: aggiuntevi alcune lettere ad altri e varie poesie*, Firenze, Le Monnier, 1861.
(Contiene cinquantotto lettere indirizzate allo scrittore Giorgio Briano; due lettere indirizzate ad Anna Briano, moglie di Giorgio; due lettere indirizzate a Felice Muletti, tre lettere indirizzate al marchese Roberto D'Azeglio; tre lettere indirizzate al conte Enrico Seyssel; due lettere indirizzate alla contessa Cristina Seyssel; sei lettere indirizzate a Giovanni Arrivabene, sette lettere indirizzate a M. Schmidt oltre alle cantiche: "Tasso e tre amici", "Tancredi", "Alla marchesa Giulia Colbert di Barolo", "L'allegria", "Prima Comunione").

ID., *Lettere alla donna gentile,* pubblicate a cura di L. CAPINERI - CIPRIANI, Roma, Società editrice Dante Alighieri, 1901.
(Contiene centoventidue lettere indirizzate a Quirina Mocenni Magiotti scritte tra il 1816 e il 1847 ed una lettera indirizzata ad Ernestina Martelli, nipote di Quirina, datata 24 ottobre 1849).

ID., *Lettere due edite da Giovanni Marziali in onore di Don Clemente Michetti per il cinquantesimo del suo sacerdozio*, Fermo, Tipografia Mecchi, 1872.
(Contiene una lettera datata 25 giugno 1845, il cui destinatario non è stato identificato ed una lettera, indirizzata al conte Serafino D'Altemps, priva di data).

ID., *Lettere famigliari inedite. Epistolario italiano,* pubblicate dal sacerdote prof. C. DURANDO, Torino, Tipografia Salesiana, 1876.
(Contiene sedici lettere indirizzate ad Onorato Pellico, padre di Silvio, centottanta lettere indirizzate a Luigi Pellico, fratello maggiore di Silvio, e centoventisette lettere indirizzate a Raimondo Feraudi).

ID., *Lettere famigliari inedite. Epistolario francese*, pubblicate dal sacerdote prof. C. DURANDO, Torino, Tipografia e Libreria Salesiana, 1878.

(Contiene tre lettere indirizzate a Margherita Tournier Pellico, madre di Silvio; una lettera indirizzata a Francesco Pellico, fratello minore di Silvio; cinquecento lettere indirizzate a Giuseppina Pellico; dodici lettere indirizzate alla marchesa Giulia Falletti di Barolo).

ID., *Lettere inedite*, pubblicate a cura di L. DELLA VALLE, Modena, Tipografia dell'Immacolata Concezione, 1861.
(Contiene tre lettere indirizzate al sacerdote Paolo Bedoschi, parroco di Chiari in Lombardia, datate rispettivamente 21 marzo 1840, 31 dicembre 1840 e 6 settembre 1841, ed una lettera, priva di data, indirizzata a Giuseppina Pellico).

ID., *Lettere inedite*, pubblicate da G. CLARETTA, Firenze, Tipografia della Gazzetta D'Italia, 1879.
(Contiene quattordici lettere indirizzate al conte torinese Maurizio Biandrate scritte tra il 1833 e il 1835).

ID., *Lettere inedite a Carlo Muletti*, pubblicate a cura del prof. F. GABOTTO, Saluzzo, Tipografia Bovo e Baccolo, 1901.

ID., *Lettere inedite al conte Andrea Gabrielli*, pubblicate a cura di A. MABELLINI, Fano, Tipografia Letteraria, 1914.

ID., *Lettere inedite a Giovan Battista Carlo Giuliari*, Verona, Franchini, 1900.

ID., *Lettere inedite a suo fratello Luigi*, pubblicate dal sacerdote C. DURANDO, Torino, Tipografia e Libreria dell'Oratorio di S. Francesco di Sales, 1875

ID., *Lettere milanesi (1815-1821)*, a cura di M. SCOTTI, Torino, Loescher - Chiantore, 1963.

ID., *Lettere scelte al padre Raimondo Feraudi*, pubblicate dal sacerdote prof. C. DURANDO, Torino, Tipografia Salesiana, 1880.

ID., *Mes Prisons. Des devoirs des hommes. Ildegarde. Lettres inédites*. Traduction nouvelle par Madame Woillez, Tours, Mame et C. Editeurs, 1846.

(Contiene due lettere indirizzate a "Madame de B.", indicata come "Madame la comtesse de Benevello" nell'edizione Stefani e 5 lettere indirizzate a "M. le comte de B." In queste lettere tutti i cognomi presentano la consonante iniziale seguita da tre asterischi).

ID., *Poesie e lettere inedite,* pubblicate per cura della Biblioteca della Camera dei Deputati, Roma, Tipografia della Camera dei Deputati, 1898.
(Contiene ventisei lettere indirizzate a Federico Confalonieri scritte tra il 1837 e il 1846 ed una lettera indirizzata alla contessa Sofia O' Ferral, seconda moglie di Federico Confalonieri, datata 20 dicembre 1846).

ID., *Tre lettere dirette al cav. Parenti, console di S.M. Sarda a Livorno,* pubblicate da F. BARIGAZZI, Firenze, Tipografia Landi, 1901.

ID., *Una lettera al cav. Lorenzo Mancini: pubblicata per la prima volta e dichiarata con note sull'autografo della Biblioteca Comunale di S. Gimignano,* Siena, Tipografia Ed. San Bernardino, 1900.

ID., *Una lettera inedita all'abate Giulio Cesare Parolari,* pubblicata a cura di F. MAZZINI, Siena, Tipografia San Bernardino, 1911.

ID., *Una lettera inedita,* Estratto da *Il Buonarroti,* 1885, serie III, Vol. II, Quaderno II, pp. 1-10.
(Contiene una lettera datata indirizzata all'incisore tedesco Karl Voigt che si era convertito al cattolicesimo dopo la lettura de *Le mie prigioni*).

ID., *Una lettera in occasione di matrimonio,* Roma, Tipografia della Camera Apostolica, 1858.

ID., *Un Te Deum inedito di Gaetano Donizetti e una lettera inedita di Silvio Pellico,* Bergamo, Officine dell'Istituto d'arti grafiche, 1907

ID., *Versi per il genetliaco della marchesa Giulia di Barolo preceduti da una lettera alla signora Nina Olivetti,* Firenze,

Stabilimento Tipografico Pellas, 1890.
(Contiene una lettera, datata 25 luglio 1845, indirizzata alla poetessa fiorentina Nina Olivetti che aveva composto dei versi per il compleanno della marchesa di Barolo).

Libri di memorie ed epistolari di personaggi dell'Ottocento in cui sono contenute lettere di Silvio Pellico

A. ANDRYANE, *Mémoires d'un prisonnier d'État au Spielberg*, Paris, Ladvocat, 1837-1838, 4 voll.

ID., *Memorie di un prigioniero di stato nello Spielberg, compagno di prigionia di Confalonieri e Silvio Pellico, unica traduzione italiana con l'aggiunta di documenti inediti e rari non compresi nell'originale francese, pubblicata con l'assenso dell'autore dal prof. Abate Francesco Regonati*, Milano, Libreria di Francesco San Vito, 1861, 4 voll.

G. ARRIVABENE, *Intorno ad un'epoca della mia vita, con l'aggiunta di sei lettere inedite di Silvio Pellico*, Torino, Unione Tipografico - Editrice, 1860.
(Contiene sei lettere indirizzate al conte Giovanni Arrivabene, datate rispettivamente 14 dicembre 1838, 14 febbraio 1839, 3 aprile 1843, 1° gennaio 1844, 4 maggio 1844, 17 novembre 1852).

F. CONFALONIERI, *Carteggio*, pubblicato con annotazioni storiche a cura di G. GALLAVRESI, Milano, Società per la storia del risorgimento italiano, 1910-1913, 3 voll.
(Contiene cinquanta lettere indirizzate da Silvio Pellico a Federico Confalonieri, scritte tra il 1819 e il 1846).

ID., *Memorie e lettere*, a cura di G. CASATI, Milano, Hoepli, 1889-1890, 2 voll.

ID., *Memorie*. Nuova edizione a cura di A. M. ORECCHIA, Milano, LED, 2004.

L. DI BREME, *Lettere*. A cura di P. CAMPORESI, Torino, Einaudi, 1966.
(Contiene dieci lettere indirizzate da Silvio Pellico a Ludovico di Breme, scritte tra il 1815 e il 1820).

G. FALLETTI DI BAROLO, *Viaggio per l'Italia: Lettere d'amicizia a Silvio Pellico (1833-1834)*, Casale Monferrato, Piemme, 1994.
(Contiene in appendice il "Piccolo diario" di Silvio Pellico, scritto nell'estate del 1837).

V. GIOBERTI, *Epistolario*, Edizione Nazionale a cura di G. GENTILE e G. BALSAMO CRIVELLI, Firenze, Vallecchi, 1927-1937, 12 voll.
(Contiene quattro lettere indirizzate da Silvio Pellico a Vincenzo Gioberti, scritte tra il 1843 e il 1845).

LA MIA EDIZIONE DELLE LETTERE DI SILVIO PELLICO:

La mia edizione frutto di dieci anni di ricerche in archivi e biblioteche è composta attualmente da dieci volumi nove relativi alle lettere scritte da Pellico dopo la liberazione dallo Spielberg ed uno relativo alla lettere d'amore del Pellico scritte nel 1820 all'attrice Teresa (Gegia) Marchionni.
Le lettere sono state suddivise in base al destinatario per avere una certa omogeneità tematica.

Sono in vendita sul sito di lulu.com e nelle librerie on line…

Per maggiori informazioni mi potete contattare via email oppure attraverso anobii.com:

http://www.anobii.com/contributors/Cristina_Contilli/667082

www.ingramcontent.com/pod-product-compliance
Lightning Source LLC
Chambersburg PA
CBHW070204290526
45789CB00002B/901